존 오웬

존 오웬

지은이 송삼용
펴낸이 안용백
펴낸곳 (주)도서출판 넥서스

초판 1쇄 인쇄 2009년 11월 10일
초판 1쇄 발행 2009년 11월 15일

출판신고 1992년 4월 3일 제311-2002-2호
121-840 서울시 마포구 서교동 394-2
Tel (02)330-5500 Fax (02)330-5555
ISBN 978-89-6000-588-4 03230
　　　978-89-6000-585-3 (세트)

저자와 출판사의 허락 없이 내용의 일부를 인용하거나
발췌하는 것을 금합니다.

저자와의 협의에 따라서 인지는 붙이지 않습니다.

가격은 뒤표지에 있습니다.
잘못 만들어진 책은 구입처에서 바꾸어 드립니다.

www.nexusbook.com
넥서스CROSS는 (주)도서출판 넥서스의 기독 브랜드입니다.

청교도 신학의 최고 정상

존 오웬

송삼용 지음

넥서스CROSS

머리말

한 시대의 역사는 더 위대한 새 역사를 창조하는 발판이 된다. 각 시대마다 불꽃처럼 살다간 믿음의 거장들은 후대 젊은이들의 심장을 태운 불쏘시개가 되어왔다.

일례로, 18세기 부흥의 대가 조지 휘트필드의 심장을 불태웠던 불씨는 헨리 스쿠걸의 《인간의 영혼 안에 있는 하나님의 생명》이었다. 근대 선교의 아버지 윌리엄 캐리의 가슴에 불을 지폈던 동력은 《데이비드 브레이너드의 생애와 일기》였다. 그리고 중국 선교의 개척자 허드슨 테일러의 믿음 선교에 영향을 끼쳤던 사람은 조지 뮬러였다. 거장이 또 다른 거장을 낳은 셈이다.

역사를 빛낸 거장들의 생애를 탐구하면서 내내 마음 한편에 새겨둔 소망이 있었다. 시대를 빛낸 믿음의 거장들을 통해 또 다른 거장들이 배출되기를 소원하는 간절한 바람이었다. 거장들의 삶을 조명한 이유가 바로 그것이었다. 이 땅에도 하나님의 영예를 드높이는 위대한 거장들이 배출되기를 바라는 소망, 그리고 거장들의 숭고한 신앙과 삶에 도전받아 하나님의 손에 붙들린 바 된 또 다른 거장들이 구름 떼처럼 일어나기를 바라는 소망, 그것이 바로 《믿음의 거장 시리즈》의 집필 목적이다.

역사는 변함이 없다! 역사를 다스리시는 하나님의 방법에도 변함이 없으시다. 그러기에 나는 여기에 소개한 거장들이 분명 우리 시대의 또 다른 거장들을 낳는 원동력이 되리라고 믿는다.

부족하지만 나는 그 일을 위해 쉼 없이 기도할 것이다.

《믿음의 거장 시리즈》에 소개된 거장들을 만나는 사람마다 심장에 뜨거운 불길이 타오르도록 간구하며, 그런 도전으로 인해 하나님의 이름과 교회를 빛낼 또 다른 거장들이 세워지도록 기도할 것이다.

찬란한 광채가 빛나는 거장들의 태양 같은 삶과 영성에 비하면 나는 금방 시들어버릴 듯한 반딧불같이 나약한 사람에 불과하다. 그럼에도 불구하고 값진 탐구의 대열에 서게 되어 몸둘 바를 모르겠다. 더욱이 거장들의 삶을 조명하는 일은 역사적 안목과 통찰력이 요구되는 전문적인 일인데도 일천한 지식으로 위대한 거장들의 생애를 탐구하게 되어 부끄러울 뿐이다.

벌레같이 보잘것없는 비천한 죄인에게 귀한 사역을 맡

겨주신 하나님께 감사드리며, 모든 영광을 하나님께 돌려드린다. 하나님의 이름과 교회의 유익을 위해 《믿음의 거장 시리즈》를 기획·편집한 넥서스크로스 편집부 직원들의 노고에 심심한 사의謝意를 표한다.

거장들이 준 감동과 도전, 그리고 하늘의 비전을 모든 독자와 함께 나누고 싶다.

송삼용

차례

머리말	_04
생애 개관	_10

1장 신앙을 유산으로 받은 소년

출생과 어린 시절의 교육	_21
옥스퍼드에 입학한 천재 소년	_24
심장을 불태운 진리의 촛불	_30
죄의 각성과 회심	_37

2장 그리스도의 종이 되다

하나님과의 교제	_47
첫 목회지 포드햄 사역과 결혼	_54
2천여 명의 회중에게 둘러싸이다	_61
크롬웰과 함께 청교도 개혁의 기수로	_68

3장 지성과 영성을 겸비한 저술가

지성의 요람 옥스퍼드 부총장	_75
심오한 작품들	_80
영성의 바다에서 건진 진주	_84
죄 죽임에 관하여	_92

4장 의원에서 강제 추방까지
의회 의원이 되다 _101
크롬웰과의 결별 _106
사보이 선언의 주역 _111
강단에서 추방되다 _115

5장 하나님의 비밀을 가르친 학자
시련 중에 피어난 고난의 신학 _123
16년간 심혈을 기울인 대작 _128
영성의 원동력인 영적 사고방식 _134
그리스도의 영광을 사모하며 _144

생애 연보 _156
참고문헌 _157

생애 개관

존 오웬은 영국의 신학자 중에서 가장 위대한 인물 중의 한 사람이었다. 스펄전은 그를 가리켜서 신학자 중 왕자라고 칭했다. 제임스 패커 역시 오웬은 거인들의 시대에 가장 높이 솟았던 인물이라고 평했다. 많은 사람이 오웬을 '청교도의 왕자'라고 부른다. 그에게서 청교도 신앙과 신학 및 사상의 정수를 발견할 수 있기 때문이다. 청교도의 경건과 신앙은 오웬이 어렸을 때부터 배운 가문의 유산이었다.

윌버 스미스는 오웬이 그런 가문에 태어난 것은 커다란 명예였고, 17세기 기독교 전체에도 큰 영예라고 할 만큼 그의 탄생에 큰 의미를 두었다. 당시 오웬은 청교도의 이상과 경건을 추구하는 일에 적대심을 품고 있는 사람들의 반격 속에서 많은 작품을 완성했다. 그래서 청교도 신학자 중 가장 방대한 저서를 냈다. 그 작품들은 종교개혁 이래 출간된 신학 저서들 중에서 성경과 그리스도께 가장 충실한 작품으로 평가받았다.

오웬은 12살에 옥스퍼드 퀸스 대학에 입학할 정도로 천부적인 두뇌를 소유했다. 그처럼 어린 나이에 옥스퍼드에 들어간 사람은 드물었다. 어려서부터 가문의 유산으로 배워온 청교도의 신앙과 비범함이 그를 자연스럽게 '청교도의 왕자'의 자리에 앉게 해준 셈이다. 그의 저서들은 천부적인 지적 능력과 깊은 통찰력, 그리고 탁월한 영성이 담겨 있어서 후대에 길이 남을 만한 기독교 유산이 되었다. 오웬의 신학이 정금처럼 빛나는 것은 보통 사람에게는 상상할 수 없는 고난 중에 완성되었기 때문이다.

가령, 결혼 후 열한 명의 자녀를 선물로 받았으나 그중 한 명을 제외한 열 명을 잃어버렸다. 또 성경의 진리를 사수하고 신앙의 양심을 지키려다, 옥스퍼드 부총장직에서 해임된 후 방랑자의 신세가 된 적도 있었다. 게다가 청교도들에게 닥쳐온 시련의 폭풍을 만나 정들었던 강단에서 추방되기도 했으니 그의 삶은 고난의 연속이었다. 그런 고난 중에서도 오직 하나님의 영광을 사모하며 살았고, 그분과의 교제를 평생의 과제로 실천하면서 작품에 남겼다. 매 순간 치열한 몸부림으로 죄와 싸우면서 이룬 그의 신학이 옥구슬에 매인 금사슬처럼 눈부시게 빛나는 것은 당연한 이치가 아닐까?

오웬은 1616년 영국 중부의 옥스퍼드셔 스타드햄에서 태어났다. 그는 청교도 신학자요, 목회자였던 아버지로부터 청교도의 경건과 신앙을 배우면서 어린 시절에 사립학교에서 고전과 기초 과목을 공부했다. 그리고 12살에 옥스퍼드 퀸스 대학에 입학하여 사람들을 놀라게 한다. 어린 나이에 시작한 대학 생활이었지만 그는 초인적인 노력으로 공부에 전력하여 학문의 기초를 튼튼히 다졌다. 1632년 16살의 나이에 문학사 학위를 받은 후 석사 과정까지 마치고 1635년에 문학석사 학위도 취득했다.

하지만 당시 옥스퍼드 대학의 총장이었던 라우드의 정

책과 신학에 동의할 수 없어서 더 이상 학교에 머물지 않고 스스로 학교를 떠났다. 그 무렵에는 탁월한 고전 실력을 갖추어서 라틴어, 헬라어 등은 추종을 불허할 정도였다. 그 후 가문에 속한 전속 목사요, 가정교사로 일했다. 내란으로 런던에 머물던 중 오웬은 놀라운 영적 체험을 한다. 한 무명의 설교자로부터 들었던 말씀으로 인하여 그동안의 의심이 순식간에 사라진 것이다. 이 경험은 그 후 오웬의 생애에 지대한 영향을 끼쳤다.

그런 영적 체험으로 인하여 그동안의 침체기에서 벗어나 활기를 되찾았고, 1642년 25살의 나이에 《알미니아니즘의 진상》이라는 첫 작품을 썼다. 이 작품은 당시 영국 지성계와 교회에 물들어 있던 알미니안주의를 반박하고 칼뱅주의 신학을 개진하기 위한 것으로, 오웬의 이름이 영국 전역에 알려지는 계기가 된다. 그 이듬해 오웬은 포드헴의 교구목사로 초청을 받아 목양에 전념했다. 그는 청교도 목사로서 복음의 진리를 선포하며 집집마다 심방하면서 영혼들을 섬겼다.

포드햄에서 사역하던 중에 메리 룩크라는 여인을 만나 가정을 꾸렸으나 엄청난 불행을 맞게 된다. 열한 명의 자녀를 낳았으나 한 명을 제외하고 모두 어려서 죽고 만다. 10여 년이 넘게 매년 자녀를 잃은 슬픔을 겪어야 했으니 너무나 가혹한 시련이었다. 하지만 오웬은 그런 슬픔과 고통을 목양과 저술로 승화시켜서 주옥 같은 작품들을 지속적으로 출간했다. 오웬의 목양과 저술의 소문이 전국적으로 퍼져 나가면서 1646년 4월 20일에는 의회의 금식 모임에서 설교하는 특권을 누렸다.

그러던 중에 에식스 지역의 코게쉘 교구의 초청으로 새로운 사역을 시작했다. 당대 명성을 날렸던 청교도 존 다드와 오바댜 세즈윅 등이 사역했던 교구에 부임한 후 얼마 되지 않아 2천여 명의 회중이 몰려들었다. 코게쉘에서도 성경 연구, 저술, 설교, 그리고 성도들을 돌보는 심방 등 광범위한 사역까지 수행하면서 목회의 진면목을 보여주었다. 특히 그 무렵 7년간의 연구 끝에 펴낸《그리스도의 죽음 안에서의 죽음의 종식》은 불후의 대작으로 평가받고 있다.

그 후 1649년 1월 30일 두 번째로 국회에서 설교하던 것이 계기가 되어 크롬웰과 만나 14년간 국목으로서 청교도 혁명의 신학적 뒷받침과 혁명군의 영적 후원자로 섬겼다. 그러다가 크롬웰의 지원으로 옥스퍼드 부총장으로 일하면서 퇴락하던 캠퍼스를 경건과 학문의 장으로 쇄신했다. 부총장직을 수행하면서도 저술과 연구의 열정을 쏟아부었으며, 심오한 대작들을 계속해서 펴냈다. 1653년에는 의회로부터 신학박사 학위를 받았고, 그해 옥스퍼드를 대표하여 의회 의원이 되기도 했다.

하지만 크롬웰이 왕권에 도전하려는 시도에 동의하지 않은 대가로 부총장직에서 해임되었다. 그 후 코게쉘 교구로 돌아가 목양에 전력하다가 회중교회의 신앙고백인 '사보이 선언'을 작성하는 데 주도적인 역할을 했다. 오웬은 철저하게 칼뱅주의 신학 체계를 고수해왔지만, 교회론에 있어서는 회중교회가 신약교회의 체제에 가깝다는 입장을 양보하지 않았다. 그런 이유 때문인지 〈사보이 선언〉도 대부분 〈웨스트민스터 신앙고백〉을 바탕으로 작성되었고, 교회 직제에서만 지역 교회의 자치권을 인정할 정도였다.

1662년에는 '통일령'으로 인하여 청교도 목사들 2천여 명이 강단에서 쫓겨났다. 오웬도 그 폭풍으로 인해 강단에서 추방되었다. 그 후 오웬은 수년간 사역지를 갖지 못하다가 런던의 조그마한 회중교회로부터 청빙을 받았다. 한때 2천여 명의 회중 앞에서 설교하던 오웬에게는 극히 작은 규모였지만 그는 따뜻한 사랑으로 목양에 힘썼다. 그리고 그 무렵, 16년 동안 준비해 온 탁월한 작품 《히브리서 강해》를 내놓았다.

60살에 이르러서 부인과 사별하는 아픔 중에서도 최후의 작품인《그리스도의 영광》을 내어 '청교도 신학의 왕자'라는 면모를 극명하게 보여주었다. 1683년 8월 24일 오웬은 자신의 최후를 예견하듯 하늘을 쳐다보면서 이렇게 외쳤다.

그 영광을 바라볼 수 있으리라고 오래도록 기다려왔던 그 날이 마침내 왔습니다.

이 마지막 말을 남기고 오웬은 자신이 그토록 사모하던 하나님의 영광을 보면서 편히 잠들었다.

1장

신앙을 유산으로 받은 소년

출생과 어린 시절의 교육

존 오웬이 태어난 날은 정확하게 알려져 있지 않다. 다만 영국 옥스퍼드셔 스타드햄에서 1616년에 태어났다고 전해지고 있다. 존의 아버지 헨리 오웬Henry Owen은 스타드햄의 성실하고 능력 있는 목회자였다. 헨리는 옥스퍼드 대학교 출신으로 언어와 철학, 그리고 신학 교육을 받은 후 교회 권력에 저항하는 의사를 표함으로써 청교도로 낙인찍힌 비국교도였다. 존은 어려서부터 저명한 청교도 신학자요, 훌륭한 목회자였던 아버지로부터 기본적인 교육을 받으며 자랐다.

그가 아버지로부터 배운 기본 교육은 가정예배, 주일 성수, 성경의 권위 등을 포함한 경건 훈련과 개인적인 신앙 훈련을 포함한 가정교육이었다. 오웬이 평생 추구해온 청교도의 경건과 신앙은 가문의 유산이었다. 후일 그가 아버지에 대해서 다음과 같이 언급한 것을 보면 그의 신앙과 인격, 그리고 청교도 사상 등은 아버지에게서 영향을 받은 것으로 보인다.

> 나는 어릴 때부터 아버지의 돌보심 속에서 성장했다. 아버지는 평생토록 비국교도였고, 주님의 포도원에서 아주 많이 수고하셨다.

오웬은 어린 시절 몇 년 동안 가정에서 신앙과 학문의 기초 교육을 받은 후 옥스퍼드의 사립학교로 진학했다. 그곳에서는 당대에 유명세를 누리고 있던 에드워드 실베스터Edward Sylvester의 지도로 고전을 공부했다.

실베스터의 문하생 중에는 장차 불후의 명성을 떨친 이들이 있었다. 가령, 위대한 청교도 신학자가 된 칠링워스Chillingworth는 《개신교들의 신앙The Religion of Pretestants》 같은 작품을 쓰기도 했다. 오웬은 어린 시절부터 그렇게 걸출할 인물로 장성할 친구들과 함께 헬라어, 라틴어를 공부하는 특권을 누렸다.

  1628년, 오웬이 12살에 이르자 더 이상 스승인 실베스터의 가르침이 필요하지 않을 정도였다. 주변 사람들도 종종 그의 비범함에 놀라곤 했으니 어린 시절부터 오웬은 이미 '청교도의 어린 왕자'로 등극한 셈이다. 당시 학계에서 저명한 실버스터 역시 오웬의 지적 능력을 인정하여 옥스퍼드 퀸스 대학Queen's College에 추천했다. 미성숙한 나이였지만 오웬은 옥스퍼드 신입생으로 손색이 없을 만큼 모든 사람에게 인정을 받았다.

옥스퍼드에 입학한 천재 소년

그 무렵까지 오웬처럼 어린 나이에 옥스퍼드에 입학한 사람들을 찾아볼 수 없었다. 어려서부터 천부적인 능력을 인정받았던 홀Hall 주교가 15살에 입학한 것을 제외하고는 누구도 그 기록을 깨지 못했다. 당대에 큰 영향을 끼쳤던 유명한 청교도 존 하웨John Howe조차도 17살이 지나서 옥스퍼드의 문을 두드렸다. 그런 정황에서 오웬은 겨우 12살에 지성의 요람 옥스퍼드에 입학했으니 그의 천재성이 세상에 입증된 셈이다.

오웬의 아버지는 아들이 어린 나이에 옥스퍼드 대학에 입학하는 영예를 누렸지만 재정적인 뒷받침을 하기엔 힘겨운 형편이었다. 다행히도 오웬은 웨일스에 있는 삼촌의 후원으로 경제적인 어려움 없이 대학 생활을 할 수 있었다. 대학 시절 동안 삼촌에게 진 사랑의 빚 외에 특별한 어려움은 없었다. 오웬은 자신보다 훨씬 나이 많은 동급생들과 함께 생활했지만 모든 동급생과 잘 어울렸다. 나이가 어리다고 해서 의기소침해하거나, 남들보다 뛰어난 능력에 대해서 교만하지도 않았다.

한편 오웬은 옥스퍼드에서 문법, 수사학, 논리학, 그리스어, 천문학, 형이상학, 히브리어 등을 배우면서 학문의 기초를 튼튼히 세워갔다. 특히 고귀한 인격과 명성을 지닌 토머스 바로우Thomas Barlow 박사로부터 수학과 철학을 배웠다. 바로우는 유명한 신학자로서 신학을 형이상적으로 기술할 만큼 심오한 작품을 남겼다. 그는 나중에 링컨의 감독이 될 만큼 영향력이 있는 지도자였다.

당시 많은 사람에게 존경받았던 여성 신학자 마거릿Margaret 교수로부터 개인 교육을 받았던 것도 오웬에게는 큰 특권이었다. 토머스 윌슨Thomas Wilson에게는 개인적으로 음악 수업을 받으면서 예술적 기법을 익혔다. 후일 오웬이 옥스퍼드 대학교 부총장이 되었을 때 개인 교사였던 윌슨 박사를 옥스퍼드 대학교 교수로 지명해주었으니 그의 풍성한 인간미를 엿볼 수 있는 부분이다.

오웬은 비록 어린 나이였지만 옥스퍼드 대학교 시절 내내 다른 학생들보다 몇 갑절이나 노력했다. 그는 4시간의 취침을 제외하고 나머지 모든 시간을 공부에 몰두했다. 타고난 두뇌를 소유했음에도 불구하고 대학 시절을 마칠 때까지 초인적인 노력으로 학문 연구에 전력했다. 대학 시절 학업에 열중했던 오웬에 대해서 전기 작가는 다음과 같이 말했다.

오웬이 여러 분야에 대한 지식을 어찌나 강도 높게 공부하였던지 강인한 체질이 아니었다면 그 지성을 감당하지 못하였을 것이고, 몸을 제대로 가누지 못하여 그만 넘어지고 말았을 것이다. 몇 년간 대학 학과 공부 때문에 4시간 정도밖에 수면을 취하지 못하였다. 물론 그는 오래 앉아 있는 해로운 습관이나 과도한 정신적 과로 등을 대처하는 지혜를 가지고 있었다. 아니 그렇게 필요한 휴식을 위해서 빼앗긴 시간들이 그냥 그런 식으로 허비되는 것이 아니었다. 그 다음의 삶을 통하여 두 배의 유익을 가져오도록 하였던 것이다.

오웬은 자신에게 부여된 학업의 사명을 완수하기 위해서 건강을 돌볼 겨를도 없이 밤낮으로 최선을 다했다. 철저하게 시간을 쪼개가면서 학업에 전력했다. 무서울 정도로 철저하게 시간을 관리하며, 학업의 사명에 혼신의 힘을 기울였던 것은 어렸을 때부터 훈련된 청교도적 생활 습관에서 비롯되었다.

어린 나이에 그렇게 철저히 자신을 통제하는 힘은 오랫동안 다져진 신앙의 힘이 아니고는 불가능했을 것이다. 하지만 말년에 이르러서 자신의 건강을 지키지 못한 것을 후회하면서 그는 이렇게 말했다.

내가 학식을 얻느라고 상실한 건강을 회복할 수만 있다면 그렇게 건강을 잃으면서 축적한 모든 학식을 기꺼이 내버릴 것이다.

물론 그 당시에 가졌던 오웬의 지적 열망은 하나님을 위해 살고자 하는 거룩한 열망이 아니었다. 이미 청교도의 경건과 신앙을 철저하게 훈련받았지만 아직 어린 오웬의 영적 세계는 온전한 헌신을 기대할 수 없는 상태였다. 그렇게 사력을 다해 자신을 불태웠던 것은 정치적, 교회적 명성을 얻고자 하는 동기에서 비롯된 것이었다. 교회 내에서 명예와 권력의 자리까지 오르고자 하는 야망이 대학 시절 내내 쉽게 시들어지지 않았다.

오웬의 경험은 오늘날의 상황과 전혀 다를 바 없다. 하나님의 부름받은 많은 소명자가 여전히 세속적인 동기에 휩싸여 있는 것을 쉽게 목격할 수 있기 때문이다. 교회의 직분자들 역시 자신의 야망을 성취하고자 하는 욕망을 억제하지 못하는 경우도 종종 있다.

하나님을 위해서 살고자 결심하면서도 자기 만족과 욕구를 충족시키려는 시도들이 얼마나 많은가! 그런 면에서 오웬이 후일 "목사라고 해서 다 영적인 것이 아니다"고 한 것은 자신의 경험에서 나온 말임에 분명하다. 이는 교회를 섬기는 모든 일꾼에게도 적용되는 말이다. 직분을 맡았다고 다 영적인 것은 아니다.

오웬 같은 거성도 청교도적인 가르침을 배우고, 신학을 공부하는 중에도 세속적인 성공 야망을 버리지 못한 경험이 있다. 야곱처럼 하나님의 이름을 빙자하여 자기의 야망을 이루려는 것은 진정으로 변화 받지 못한 사람들의 본능인 듯하다. 오웬이 그런 세속적인 동기에도 불구하고 대학 시절 동안에 쏟아부은 학문적인 열정과 노력은 오웬의 일생에 든든한 기반이 되었다. 철저하게 준비한 학문의 기초가 그를 '청교도 신학의 왕자'로 만들어간 것이다.

심장을 불태운 진리의 촛불

옥스퍼드 시절 동안 지독하게 공부한 결과 오웬은 1632년 16살의 나이에 문학사 학위를 받았다. 그 후 석사 과정을 마치고 1635년에는 문학석사 학위도 받았다.

당시 옥스퍼드의 신학 사조는 알미니안주의Arminianism가 지배적이었다. 따라서 청교도 사상으로 훈련된 오웬은 계속해서 옥스퍼드에 머무르는 것을 주저했다. 신학 사조가 다른 분위기에서 더 이상 학문을 할 수 없다는 생각 때문이었다.

알미니안주의 ― 칼뱅이 주장한 하나님의 절대주권과 예정을 반박하여 알미니우스가 만들어낸 사조를 말한다. 대표적인 핵심 교리는 다음과 같다.

1. 인간은 완전히 타락하지 않았고 자유의지가 남아 있다.

2. 하나님은 인간의 조건을 보고 선택하였다.

3. 그리스도의 십자가 속죄는 모든 인류를 위한 것이다.

4. 성령의 은혜는 충분히 저항할 수 있다.

5. 구원받은 사람도 잘못하면 구원을 잃어버린다.

이를 다시 반박하기 위하여 1618년 도르트 회의에서 칼뱅주의 입장을 담은 5가지 교리를 재정립하여 칼뱅주의 5대 교리 — 전적 타락, 무조건 선택, 제한 속죄, 불가항력적인 은혜, 성도의 견인 — 가 확정되었다.

그 무렵 옥스퍼드 대학 총장이었던 라우드Laud는 대학의 풍토를 바꾸기 위해서 의식주의를 강요했다. 라우드는 "성격이 거칠고 반대 주장이나 방자한 것을 참지 못하는 사람"이었다. 그는 천성적으로 오만하고 폭군적인 정신과 좁은 마음을 가진 성직자였다.

더욱이 그는 경건하고 호의적인 훌륭한 사람들을 수없이 박해의 자리로 내몰았다. 총장의 직무를 수행하면서도 영국 종교 개혁가들이 가장 거부하고 정죄하는 많은 의식과 의례를 대학에 채용하도록 요구했다. 그런 방침에 저항하는 자들은 가차없이 대학에서 추방하곤 했다.

이제 막 대학을 마친 청교도 오웬은 그런 총장의 도덕적 행태를 받아들일 수 없었다. 그의 신학적인 입장도 수용할 수 없었다.

오웬은 이미 한 세기 전(1555년 10월 16일)에 영국의 종교 개혁자 리들리Nicholas Ridley와 라티머Huhg Latimer가 옥스퍼드 노상(路上, 현재 Broad Street)에서 불에 타 죽으면서 사수했던 개혁의 진리와 정신에 깊이 물들어 있었다. 오웬은 대학 시절에 그 거리를 거닐 때마다 불에 타 죽어가면서 순교의 제물이 되었던 위대한 순교자들을 수없이 되새겼을 것이다.

뿐만 아니라 오직 하나님과 진리를 위해서 자기 몸을 불살라 죽었던 선진들의 길을 따라가야겠다고 수없이 다짐했을 법하다. 그 두 순교자들이 화형장에서 죽어가며 나누었던 다음의 대화는 종교 개혁사에 길이 기억되고 있다.

오늘 우리는 하나님의 은혜로 영국에서 영원히 꺼지지 않을 촛불을 켜게 될걸세.

그런 위대한 순교자들이 켜놓은 진리의 촛불은 한 세기 후에 하나님께서 예비해놓으신 옥스퍼드 천재의 심장을 불태웠다. 오웬의 입장은 단호했다.

우리 가운데 영광스러운 복음의 빛과 상반된 것들이 질서, 품위, 교회의 권위 등의 명목 아래 사람의 뜻과 공상으로 하나님을 예배하고 섬기는 일들이 비일비재합니다. 그렇게 되면 사람들은 하나같이 가장된 영광과 아름다움, 훌륭함과 복종에 만족하게 되고 … 이로 인해 거룩하신 하나님의 성령께서 조롱당하시게 되는 것입니다. 뿐만 아니라 복음의 강력한 선포 역시 멸시를 받으며, 안식일도 실추되고 하나님의 거룩성이 오명을 쓰고 박해를 받는 것입니다.

비록 십대에 불과했지만 오웬은 더 이상 자신의 미래를 세상의 풍조나 어른들의 판단에만 맡길 수 없었다. 어려서부터 청교도 사상을 접해왔기 때문에 성경에 어긋난 신학 사조를 수용할 수 없었던 것이다. 그런 이유 때문에 오웬은 1637년 대학을 떠나야 했다. 이 순박한 청교도는 신앙과 신학의 양심에 따라 자처해서 추방자의 신세가 되었다. 지난 10여 년간 젊음의 꿈을 불태웠던 옥스퍼드 대학을 나설 때 오웬의 나이는 21살에 불과했다.

오웬이 옥스퍼드를 떠날 때에는 그가 갖추었던 고전에 대한 실력은 놀라울 정도였다. 라틴어와 헬라어를 유창하게 구사했고, 히브리어에도 능통했다. 랍비에 대한 지식이나 철학 및 형이상학까지도 타의 추종을 불허했다.

그럼에도 불구하고 오웬은 대학을 떠나면서 자신에게 예상되었던 성공에 대한 모든 꿈을 휴지 조각처럼 날려버렸다. 그해에는 이미 영국 성공회에서 사제로 안수를 받은 상태였다. 따라서 대학을 떠난 후 오웬은 옥스퍼드 애스컷 Ascot의 로버트 도오 경卿의 전속 목사(사목, 私牧)요, 가정교사로 일하기 시작했다. 그 후 얼마 되지 않아서 버크셔 Berkshire에 있는 헐리Hurly의 러브레이스 경卿의 전속 목사로 사역지를 옮겼다.

그런 사이에 찰스 1세와 의회당 사이의 분쟁이 일어나 내란으로 번졌다. 이에 의회당을 지지하던 오웬은 러브레이스와의 입장 차이 때문에 그곳을 떠나야 했다.

의회당을 지지함으로써 또 하나 잃은 것이 있었다. 왕당파를 지지하고 있던 삼촌이 오웬에게 더 이상의 지원을 끊겠다고 통보해온 것이다. 삼촌은 대학 때부터 학비를 대주던 유일한 후원자였다. 웨일스에 거주하던 삼촌의 손길이 아니었더라면 옥스퍼드 생활을 감당할 수 없었을 것이다. 삼촌의 후원은 졸업 이후에도 이어졌다. 더욱이 재산을 상속해주겠다고 약속까지 한 상태였다.

그런데 정치적인 상황으로 인해 삼촌의 지원이 끊기고, 상속에 대한 약속까지도 물거품이 되어버렸다. 따라서 오웬은 경제적 타격을 입고 어려움에 빠지게 되었다. 하지만 런던으로 가서 수도원 유적지에 세워진 양로원인 차터하

우스 야드Charter House Yard에서 거주하면서 재산을 상속받은 것보다 더 귀한 선물을 얻게 되었다. 그것은 바로 놀라운 영적 체험이었다. 런던에서 경험한 신앙적 체험은 이후 오웬의 생애와 사역에 큰 영향을 미쳤다.

죄의 각성과 회심

오웬은 옥스퍼드 시절에 건강을 해칠 정도로 신학 수업에 열중했다. 하지만 신앙적으로는 아직 확신 가운데 있지 않았다. 하나님을 위해 살기로 결심했지만 여전히 그를 괴롭히는 세속적인 야망이 있었다. 청년기에 오웬은 영적인 것과 육적인 것, 진리와 비진리, 거룩과 세속의 교차로에서 끊임없이 갈등한 것이다. 신학적인 확신 가운데서 청교도적 사상과 칼뱅주의적 입장을 지지하긴 했으나 자신의 구원에 대해서 분명한 확신을 갖지 못했다.

그 당시 오웬의 영적 상태에 대해서 피터 툰Peter Toon은 다음과 같이 말했다.

> 그는 아직 자신이 하나님의 아들이라고 그 자신의 영에게 증거해주시는 성령에 대한 개인적, 또는 영적인 확신을

경험하지는 못했다. 그는 청교도 형제들의 설교가 대부분 이와 같은 구원의 실감성에 대한 필요를 말하고 있음을 알았다.

그런 상황에서 런던에 왔을 때 옥스퍼드에서 맨 처음 가졌던 신앙적 고민이 가중되었다. 옥스퍼드 시절부터 자신의 영적 상태에 대해서 고민하고 있었지만 특별한 변화 없이 그대로 지내왔다. 그러다가 런던에 왔을 때 더욱 격렬하게 영적으로 갈등하게 되었다. 그의 주된 침체의 원인은 하나님과의 관계에 대한 근심과 혼란이었다. 오웬은 여러 해 동안 훈련된 신앙의 힘으로 대학 생활을 했다. 하지만 그에게 진정한 평화가 없었다. 때로는 주님의 심판이 생각났고, 무서운 갈등의 폭풍에 휘말리곤 했다. 더구나 자신의 죄악을 깨닫고 심각한 회의에 빠져들었다.

그런 영적 갈등으로 인해 3개월 동안 다른 사람들과 교제를 단절하며 지내기도 했다. 오웬이 상상할 수 없는 내면의 고통 가운데 있던 어느 날, 그를 옭아매고 있는 무거운

짐이 벗겨지는 순간이 찾아왔다.

당시 명성을 날렸던 에드먼드 칼라미Edmund Calamy 목사의 설교를 듣기 위해서 오웬은 친구와 함께 길을 나섰다. 그들은 기대에 부풀어 주일 아침 성 미가엘 교회St. Michael's Church에 도착했다. 당시 칼라미 박사는 뛰어난 웅변술로 청중을 사로잡는 능력으로 소문난 학자요, 설교자였다. 오웬은 그 유명한 장로교 설교자의 설교를 듣기 위해 교회당으로 들어갔다.

그러나 오웬은 그 주일 설교자의 명단이 낯선 설교자인 것을 보고 실망하고 말았다. 오웬과 동행했던 친구는 다른 유명한 설교자가 있는 교회로 가자고 제의했다. 하지만 오웬은 영적으로 매우 지친 가운데 있었기 때문에 그곳에서 예배를 드렸다. 강단에 오른 설교자는 간단하게 기도를 마친 후에 "어찌하여 무서워하느냐 믿음이 적은 자들아"(마 8:26)라는 말씀으로 설교했다. 그날 한 무명의 설교자로부터 들었던 말씀은 오웬의 심령에 구원의 확신과 놀라운 은혜를 깨닫게 해주었다.

마치 스펄전이 한 무명의 설교자를 통해서 회심을 체험했던 것처럼, 오웬도 전혀 예상치 못했던 한 무명의 설교자를 통해서 회심을 체험하게 되었다. 오웬은 말씀을 들으면서도 계속 자신의 영적인 문제를 해결해달라고 간절히 구했다. 놀랍게도 계속 말씀을 듣는 순간 하나님께서는 그의 기도를 응답하시어 마침내 상상하지 못할 은혜를 부어주셨다.

무명의 설교자는 오랫동안 혼란케 했던 오웬의 의심들을 정확히 짚어주었다. 동시에 오웬이 마음에 품었던 의심들에 대한 답을 제시해주었다. 설교가 끝나갈 무렵 오웬은 마음이 안정되었다. 영혼의 평화가 임했고, 진리의 빛이 그를 압도했다. 모든 기도가 응답된 것이다. 그날 오웬이 들었던 설교에 대해서 카툰은 다음과 같이 증언한다.

> 그 설교는 오웬에게 그가 하나님의 진정한 자녀라는 내적 확신을 안겨주었다. 즉 자신은 세상이 조성되기 전 그리스도 안에서 선택되었으며, 하나님께서 그를 사랑하시고

그를 위한 사랑의 목적을 가지고 계시다는 확신을 가지게 되었다. 또한 살아 계신 하나님을 확신하게 되었다.

설교가 끝났을 때 오웬의 영혼은 주님의 능력에 의해서 새롭게 창조되었다. 마음속에는 지금까지 어느 곳에서도 느껴볼 수 없는 평안이 찾아왔다. 그것은 분명 하늘에서 내려온 신령한 평화였다. 이로써 오웬이 청년기 때에 겪었던 영적 갈등은 말끔히 해결되었다. 그 후 오웬에게는 놀라운 영적 변화가 나타나기 시작했다.

후일 오웬은 그날 설교자가 누구였는지 이름을 기억하지 못했다. 다만 자신의 영적 상태를 아셨던 하나님께서 한 무명의 설교자를 사용하셔서 새로운 영적 세계로 인도해 주신 것을 감사할 뿐이었다. 장차 한 시대를 이끌어갈 탁월한 설교자요, 신학자로 서게 될 오웬을 그런 방식으로 구원하신 것은 하나님의 주권과 섭리에 의한 것이었다.

하나님은 사람들의 지혜나 명성으로 구원의 역사를 이루어가시지 않는다. 그것은 인간의 방법이 아닌 하나님의 특별한 방법에 의해서 이루어진다.

선천적으로 자긍심이 강했던 오웬은 그날 회심을 체험한 이후 낮아지기 시작했다. 회심 체험은 그를 평생 겸손하게 살도록 해주었다. 그의 겸손은 다음 일화에서 잘 나타난다. 오웬은 당시 존 번연이 런던에 올 때면 그의 설교를 자주 들었다. 찰스 2세는 오웬을 가리켜 이렇게 말했다.

"그렇게 학식 있는 자가 땜장이 설교가의 설교를 듣는다는 것은 놀라운 일이다."

그때 오웬은 이렇게 대답했다.

"전하, 제가 만일 그 땜장이의 능력을 가지고 있다면 저는 아주 기쁘게 제 모든 학식을 버리겠습니다."

오웬이 그처럼 겸손하게 자신을 낮출 수 있었던 것은 자신의 마음속에 있는 타고난 죄악의 실체들을 반복하여 묵상함으로써 가능했다. 그는 하나님 앞에서 사람의 영혼이 겸손하게 되는 길은 죄로 인하여 비참해진 자신을 보는 것이라고 주장했다.

사람들의 영혼을 겸손하게 하는 데 적합한 두 가지가 있으니 하나님에 대한 바른 사고와 그다음은 자신에 대한 바른 사고이다. 하나님에 대한 바른 사고는 하나님의 위대하심과 영광과 거룩과 위엄과 권위를 깊이 생각하는 것이고, 우리 자신에 대한 바른 사고는 우리의 초라하고 비천하고 죄악된 상태를 생각하는 것이다.

오웬에게 영적 생활의 비결은 하나님을 깊이 묵상하는 것과 죄에 대한 자각이었다. 영적 체험 후 오웬은 평생 하나님을 묵상하며, 자신의 죄를 깊이 인식하고 회개하는 삶을 살았다. 그런 영적 원리는 청교도 영성의 핵심이며, 오웬이 생애 동안 추구했던 하나님과의 친밀한 교제를 이어 갔던 비밀이었다.

영적 체험을 한 후 오웬은 저술 활동과 목회 생활 그리고 전 생애 동안 자신의 재능과 명예를 의식하지 않고 오직 하나님의 지혜를 의존했다. 교제를 방해하는 죄 문제를 해결함으로써 하나님과의 교제 통로를 열어갔다. 그런 영적 삶의 경험에서 나온 각종 작품은 이론과 사변으로 그치지 않고 생명력이 넘치는 불후의 대작으로 남았다. 청년기에 경험한 강력한 영적 체험으로, 그의 신학은 사변에서 멈추지 않고 생명의 신학이 되었다.

2장

그리스도의 종이 되다

하나님과의 교제

영적 체험과 하나님과의 교제는 오웬을 영성의 거장으로 이끈 동력이었다. 하나님과의 교제는 오웬이 평생 추구한 영성의 핵심이었다. 그런 의미에서 간략하게 '하나님과의 교제'에 대해서 언급하고자 한다.

하나님과의 교제는 영성의 심장부요, 절정이다. 오웬 역시 하나님과 깊은 교제로 영성의 정상에 섰던 청교도 영성의 상징적인 인물이다. 청교도들은 인간 실존의 목표와 목적을 하나님과의 교제에 있다고 주장했다. 창조와 구속의 결과도 하나님과의 교제에 두었다. 그것은 청교도 신학과 설교의 핵심이기도 했다. 오웬은 영적 체험을 한 이후에 하나님과의 교제로 평생 영성의 정상을 향하여 달려 갔다. 하나님과 교제를 이어가기 위해서 치열한 자기와의 싸움 끝에 그는 마침내 태양 같은 영성의 족적을 남겼다.

오웬의 영성은 오늘날 유행처럼 떠돌아다니는 반딧불 같은 영성에 비하면 접근할 수조차 없을 만큼 위대하다. 옥스퍼드 부총장 시절 오웬은 '하나님과의 교제'에 대해서 대학생들에게 시리즈로 설교했다. 그 설교를 출판한 것이 가장 독실한 논문 중의 하나인 《성도와 하나님과의 교제》라는 작품이다. 오웬의 신학이 고스란히 스며있는 탁월한 말씀을 당시 대학생들에게 전했으니 당시 학생들의 지적 수준을 짐작할 만하다.

그런 측면에서 오웬이 평생 추구한 신학적 탐구 정신은 가히 본받을 만한 위업이다. 그는 신학적 기반을 세우기 위해서 끊임없이 말씀을 탐구했다. 옥스퍼드에서 쌓은 다양한 인접 학문들을 배경으로 신학적 주제들을 논증해나갔다. 오웬에게는 설교와 저술이 동일하게 신학적 결과물이었다. 대부분의 청교도들처럼 그는 말씀 연구에 일생을 바쳤으며, 어떤 청교도들보다 더 심오하고 방대한 저작을 남겼다. 오웬은 칼뱅 이후 가장 성경에 근접한 개혁주의 신학을 전수한 신학자였다.

청교도의 후예라 일컫는 현존하는 영국 신학자 제임스 패커는 오웬이 추구한 하나님과의 교제에 대해서 다음과 같이 진술한다.

첫째, 하나님과의 교제는 하나님과 인간 간의 상호 교환 관계이다. 이것은 신약 성경의 코이노니아('교제'로 번역됨)라는 단어가 표현하는 사상이다. 일반적으로 코이노니아는 둘 이상의 관계자들이 어떤 일에 공동으로 참여하거나, 서로 주고받는 적극적인 나눔을 나타낸다. 이 관계는 자연히 당사자들 간에 어떤 선행적 약정이 존재함을 암시한다. 오웬은 하나님과 인간 간의 교제를 다음과 같이 정의한다.

하나님과의 교제는 우리에 대한 하나님의 의사 전달로 이루어진다. 하나님께서는 우리 자신에로의 복귀를 요구하시고 우리를 용납하신다. 이 교제는 예수 그리스도 안에서 하나님과의 연합의 결과이며, 하나님과 성도들이 예수님의 피에 의해 비준된 평화의 언약 가운데 동행하면서 가장 거룩하고 신령한 방식으로 주고받는 상호 전달이다.

둘째, 하나님과의 교제는 주도권과 능력이 하나님께 있는 관계이다. 하나님과의 교제는 하나님께서 자신을 우리에게 주심으로 창조하시는 관계이다. 오직 그럴 때만 우리는 하나님을 알 수 있고 하나님께 응답할 수 있다. 좁은 의미에서 하나님과의 교제는 그리스도인의 의무이다. 그러나 하나님께서 우리에게 자신을 전달하신다는 보다 넓고 근본적인 의미에서 교제는 하나님의 선물이다.

셋째, 하나님과의 교제는 그리스도인이 삼위일체의 세 인격 모두에게 사랑을 받고 사랑으로 응답하는 관계이다. 오웬은 삼위일체 교리가 기독교 신앙의 기초이므로 삼위일체 교리가 무너지면 모든 것이 무너진다고 끊임없이 주장했다. 성부 하나님은 구원을 주도하시며 구원할 백성을 택하신다. 성자는 죄인을 구속하기 위하여 죽으심으로 성부의 뜻을 행하셨다. 성령은 성부와 성자께로부터 나와 하나님의 선택된 사람들에게 성자께서 그들을 위해 확보하신 구원을 전달하신다. 이 삼위 하나님과 성도와의 관계는 믿음 가운데 교제하고 사랑으로 응답하는 관계이다.

넷째, 하나님과의 교제는 하나님과 인간 간의 능동적이며 미래 지향적인 우정 관계이다. 하나님과의 교제는 우리를 자신의 친구로 부르신 하나님의 친구로 행동하는 것을 의미한다. 오웬은 그리스도와 누리는 교제의 기쁨을 이렇게 표현한다.

> 그리스도의 심령은 우리 가운데서 슬픔이 없이 즐겁다. 그리고 우리가 살아가는 매일매일은 그리스도의 혼인날이다. 성도들은 그리스도 안에서 즐거워한다. 그리스도는 그들의 기쁨, 면류관, 환희, 생명이며, 양식, 건강, 힘, 열망, 의, 구원이며, 축복이다.

다섯째, 그리스도 안에서 하나님과의 교제는 주님의 식탁에서 특별한 방법으로 향유된다. 오웬은 주님의 만찬에 대해서 특별한 기술을 하지 않았다. 하지만 비공식적 성례에 대한 설교에서 다음과 같은 견해를 밝혔다.

우리는 어떤 의식에서도 발견할 수 없는 독특한 방법으로 이 의식에 지정된 방법대로 그리스도와의 특별한 교제를 경험한다.

이런 입장에 근거해서 오웬은 하나님과의 교제를 신앙의 핵심이요, 영성의 꽃으로 간주했다. 이것이 오웬을 비롯한 청교도들의 일반적인 입장이었다. 청교도들은 매일 친밀한 교제를 통해서 하나님을 경험했다. 그들은 신학과 사상 및 삶 전체에서 하나님과의 교제에 대한 실제적이고 경험적인 관심을 드러냈다. 심지어 저술과 설교에 있어서도 하나님과 누렸던 깊은 교제가 가장 큰 관심사 중 하나였다.

하나님과의 교제를 이끌어가는 방식에 있어서도 청교도들과 오늘날의 방식에는 많은 차이가 있다. 현대 그리스도인들이 하나님과의 교제로 경건을 추구하려고 애쓰기도 하지만 그 중심이 인본주의에 있다는 것이 청교도들과의 차이점이다. 오웬이나 청교도들은 항상 하나님 중심적이었다. 그들의 설교에는 언제나 하나님이 한 중심에 계셨다. 모든 작품에서도 저자가 아닌 하나님이 중심이었다. 자신의 명예나 학식을 자랑하는 것이 아니라 하나님의 영광을 최우선으로 삼았다. 교회 내에도 세속의 풍조가 범람해 있는 이때에 세상 명예에 대한 오웬의 입장은 우리에게 교훈을 준다.

> 그는 인간적으로 인정받는 신학 박사가 되기보다는 예수 그리스도의 종인 존 오웬이 되는 것을 훨씬 더 명예로 여겼다.

첫 목회지 포드햄 사역과 결혼

오랜 영적 침체에서 벗어난 오웬은 정신적으로 활기를 되찾았다. 그러던 중 1642년 3월에 오웬의 이름이 영국 전역에 알려지게 된 계기가 있었다. 그의 탁월한 소론집小論集 《알미니아니즘의 진상The Display of Arminianism》 때문이었다. 오웬은 당시 팽배해 있던 알미니안주의의 견해들을 제지하기 위해 25살의 나이에 첫 작품을 선보였다. 그 작품은 알미니안주의의 신학적 진상을 파헤치고 복음적 신앙과 신학 사상을 개진한 대작이었다.

칼뱅이 26살에 기독교 역사상 가장 위대한 대작을 쓴 반면, 그로부터 한 세기 후에 오웬이 25살에 칼뱅주의를 사수하는 대작을 썼다는 것은 역사적으로 의미심장한 일이다. 더욱이 그 작품은 확실한 칼뱅주의의 옷을 입고, 청교도의 정신을 담아냈다. 오웬이 첫 작품에서 보여준 칼뱅주의 사상은 후일 모든 작품에서 보여줄 그것의 신호탄이었다. 그 작품은 오웬을 목회 사역에 소개하는 수단이 되었으니 저술과 목회 사역에 임한 하나님의 특별한 섭리를 생각해볼 수 있다.

이 작품의 특징은 논쟁적이고 석의적釋義的이었다. 그의 연륜에 비해 아직 미숙한 듯하지만 신학적으로도 손색이 없는 탁월한 작품이었다. 당시 로마 가톨릭에서 화려한 의식과 예복을 즐겼던 것처럼, 옥스퍼드 총장 라우드와 그 일파들은 알미니안주의의 교리에 열심을 내었다. 그들이 주장하는 교리는 왕실에서도 호의적이었다. 따라서 알미니안주의는 고위 상류층에서 선호하는 신조가 돼버린 풍조였다. 결국 알미니안주의의 물살은 종교개혁자들이 못 박아 놓은 성경적인 사상에서 벗어나 급속도로 퍼져가기 시작했다.

이런 분위기 가운데서 오웬은 예리한 필력과 탁월한 신학적 통찰력으로 그에 반박하는 작품을 쓰며 독자들에게 다음과 같이 인사말을 했다.

만약 한 가난한 청교도가 라우드주의자들이 성경의 조항을 반대하는 것의 절반만큼이라도 성경을 어겼다면, 목숨이 위험하지 않더라도 벌로 그의 생계를 몰수당했을 것입니다.

다른 부분에서는 영국 내에서 알미니안주의가 확산되게 된 역사에 대해서 상세하게 설명했다.

어찌하여 공의회가 교황의 우위가 아니라 교황이 공의회의 우위에 있다고 우기는지…. 이는 교황이 대주교들과 주교의 관할권을 주기 때문입니다. 그러나 공의회는 가난한 상태에서 고소를 당했기 때문에 그들의 사정을 탄원해 줄 지지자를 거의 얻을 수 없었습니다. 우리 교회의 운명은 최근 이러한 독소로 더럽혀진 사람들의 손에 맡겨지면서 알미니안주의는 칭송과 격상의 강력한 논쟁을 등에 업은 채, 불쌍하게 벌거벗은 진리를 재빨리 구석으로 내치고 있습니다.

이런 식으로 오웬은 당시 팽배해 있던 알미니안주의의 약점과 문제점을 파헤쳤다. 물론 어떤 부분에서는 지나치게 논쟁으로 치우쳤다는 관점도 있었다. 하지만 그 작품은 오웬 자신의 경건이 스며 있으며, 신학적 통찰력까지 곁들인 탁월한 작품으로 평가받아왔다.

첫 작품을 선보인 다음 해(1643년)에 오웬은 포드햄 Fordham의 교구목사로 초청을 받았다. 포드햄 교구목사로 부임한 후 오웬은 설교를 통해서 복음의 진수를 널리 선포했다. 그는 설교 외에도 집집마다 심방하면서 교리문답을 열심히 가르쳤다. 오웬의 설교는 교인들의 영혼을 사로잡았다. 풍성한 영적 체험과 함께 지적인 열망으로 가득한 설교는 교인들의 심령에 생기를 공급해주었다.

오랫동안 진리에 목말라 있는 교인들은 하나님의 주권과 섭리의 정수를 전해주는 열정적인 설교자에게 만족했다. 성경의 진리를 가득 담은 칼뱅주의 사상 역시 교인들을 영적으로 만족시켜 주었다. 지성과 경건을 갖춘 젊은 설교자의 소문이 주변에 퍼져 나가기 시작했다. 포드햄의 젊은 설교자 소문을 들은 주변의 수많은 사람이 그의 설교를 듣기 위해서 찾아왔다. 오웬은 말씀을 들으려고 찾아온 사람들에게 '십자가에 못 박힌 그리스도'만을 전했다.

그렇게 열정적으로 목회 활동을 하면서도 성경을 연구하는 시간만큼은 양보한 적이 없었다. 규모가 크지 않은 교회 분위기나 조용한 지역적인 상황은 목양과 연구에 전념할 좋은 여건이 되었다. 첫 목회지 포드햄의 목회 사역은 오웬의 생애에서 가장 행복한 시기였다. 전임자가 영적 일에 소홀해서인지 교인들의 영적 성장에 사력을 다한 오웬은 사랑을 듬뿍 받았다. 시간이 지날수록 포드햄의 사역은 점점 더 활기를 띠었다.

그러던 중에 오웬은 메리 룩크Mary Rooke라는 여인과 결혼하여 행복한 가정을 꾸렸다. 새 가정을 꾸민 이래 오웬과 룩크 사이에서 무려 열한 명의 자녀가 태어났다. 하지만 한 명의 딸을 제외하고 모두 어린 나이에 죽었다는 것은 오웬에게는 큰 비극이었다. 그나마 그 딸마저도 웨일스의 한 청년과 결혼했으나 나중에 친정으로 돌아와 폐결핵으로 죽고 말았다. 한 시대를 풍미했던 청교도 신학의 왕자 오웬이 수년 동안 사랑하는 자녀들이 죽어가는 불행 가운데 살았다니 믿어지지 않는 일이다. 그러나 가정의 슬픔과 비애로 탁월한 작품을 낳도록 유도하는 하나님의 섭리가 있었다다. 그처럼 오웬의 신학은 고난 중에서 피어난 꽃이었다.

오웬은 상상할 수 없는 시련들을 겪으면서 자신의 영혼을 정결하게 다듬어갔다. 특히 가정적인 불행에도 불구하고 오웬은 포드햄에서 왕성한 목회와 저술의 결실을 맺었다. 가령, 첫 소론집을 낸 다음 해(1643년) 포드햄 사역 중에서 첫 작품으로《목회자의 직무와 구별되는 성도들의 임무The Duty of Pastors and People Distinguished》를 출판했다. 당시 버넷Burnet의《목회적 돌봄Pastoral Care》과 백스터 Richard Baxter의《참 목자상The Reformed Pastor》등은 사역자들에게는 필수적인 독본이었다. 이에 비하여 오웬의 첫 작품은 교인들의 안내서로 손색이 없는 탁월한 작품으로 평가받았다. 그 후 오웬은 두 번째 작품《두 가지 짧은 교리문답에서 펼쳐진 그리스도의 교리Doctrine of Christ unfolded, in Two Short Catechism》를 출판했다.

이런 저술 활동들과 열정적인 목회 사역은 오웬의 명성을 빛나게 해주는 등대 역할을 했다. 이제 오웬의 사역은 포드햄 교구에만 제한되지 않았다. 옥스퍼드 천재 출신의 젊은 목회자의 열정은 교구를 넘어서 전국 방방곡곡으로 퍼져 나갔다.

그 결과 1646년 4월 20일, 오웬은 매달 의회에서 갖는 금식 모임에서 설교하는 영광을 누리게 되었다. 그날 오웬은 의회에서 영국 시민들에게 영원토록 기억할 만한 가치 있는, 우렁차고 확신 있는 웅변으로 설교를 전했다. 설교를 들은 의회의 여러 고관들이 그 설교를 출판해줄 것을 당부할 정도였으니 그의 설교가 얼마나 영향력이 있었는지 짐작이 간다. 오웬은 이제 한 시골의 교구목사가 아니었다.

2천여 명의 회중에게 둘러싸이다

오웬의 명성이 전국적으로 확산해가고 있을 때 포드햄에서 사역을 마감해야 할 일이 생겼다. 오웬을 추천했던 '은퇴 성직자'가 세상을 떠나자 후임 목회자를 추천할 권한이 다른 사람에게 넘어간 것이다. 결국 다른 사람이 교구목사로 추천되어 오웬은 사임하게 되었다. 포드햄 사역을 정리하자마자 오웬은 한 통의 편지를 받았다. 에식스 지역의 상업 도시로 유명한 코게쉘Coggeshall의 교구에서 자신들을 위한 사역자가 되어달라는 편지였다.

그 교구의 전임자는 당시 유명한 청교도들인 존 도드John Dod와 오바댜 세즈윅Obadiah Sedwick이었다. 신실한 목회자들이 거쳤던 전통 있는 교구로부터 부름을 받아 오웬의 코게쉘 시대가 열렸으니 하나님이 특별히 예비하신 손길이었으리라! 코게쉘 교구는 포드햄과는 달리 탁월한 사역자들이 이미 잘 다듬어놓은 기름진 목양지였다. 그곳에서는 신앙의 기초를 놓기보다 든든한 건물을 지어 아름다운 결실을 맺는 일에 주력했다. 사역의 결실은 빠른 속도로 드러나기 시작했다. 부임 후 얼마 되지 않아서 오웬은 2천 명의 회중에게 둘러싸이는 영적 결실을 맺게 되었다.

그때 오웬은 그 교회의 체질과 상황이 자신에게 잘 맞다는 것을 발견했다. 그런 환경적 요인은 오웬으로 하여금 교회 정치에 대해서 근본적인 변화를 가져다주는 계기가 되었다. 곧 회중 정치 체계가 신약 성경의 원리에 가장 근접한 정치 체계라는 입장을 갖게 되었다. 성경의 근거 외에도 존 카튼John Cotton의 책은 오웬에게 회중교회의 정치 제도를 성경적인 제도로 확신하게 해주는 촉진제가 되었다. 오웬은 그런 입장을 피력하기 위해서 여러 종류의 글을 써 나갔다. 특히, 심오한 변증적인 논문을 쓰기도 했다.

초기 장로교 체제는 오늘날과는 다른 지나친 면들이 있었다. 당시 장로교에서 보여준 세속적인 권력과의 야합에 대해서 오웬은 수용할 수 없었다. 예를 들면, 장로교에서는 국왕이나 신하나 국민으로부터 헌금을 주저 없이 요청하곤 했다. 하지만 성경의 진리를 사수하려고 목숨을 바쳐온 오웬이 그런 체제를 수용할 리 만무했다. 게다가 장로교에서는 모든 체제를 동질화하려고 시도했다. 이단적인 의견을 가진 사람들을 가차없이 칼로 벌하기도 했다. 이에 오웬은 《교회 정치의 실행을 위한 국가 소론》이란 책을 인용하면서 의회 앞에서 다음과 같이 설교했다.

> 이단은 병폐입니다. 이단은 영적인 것이기에 영적인 방법으로 방지하도록 합시다. 사람들의 머리를 자르는 것은 전혀 적절한 치료책이 아닙니다.

그런 정황들을 생각할 때 오웬이 회중 정치 체제를 선택한 것은 전혀 이상한 일이 아니었다. 그는 어떤 관용도 없이 혐오감만 불러일으키는 장로교 정치에서 벗어나게 되었다. 하지만 오웬이 취한 교회 정치 체제는 장로교를 완전히 버린 것이 아니었다. 그는 다스리는 장로와 교회 회의에 관한 두 가지 주제 면에서 회중 정치를 다소 수정할 뿐이었다. 그 흔적들은 여러 저서들을 통해서 입증되고 있다.

특히 《에스골: 교회 공동체의 규칙Eshcol: or, Rules for Church Fellowship》에서는 교회 체제에 관한 논쟁에서 벗어날 것을 촉구하고 있다. 이 작품에서는 복음 안에서 공동체에서 부여된 의무들을 진지하고 겸손하게 수행하도록 상기시켜주고 있다. 이 작품에 의하면 오웬이 회중파인지 장로교도인지 알 수 없을 정도로 교회 정치 체제의 근본을 가르쳐주고 있다.

오웬에게는 어떤 체제보다도 복음의 정수와 진리 수호가 시급하고 중요했다. 그런 자세는 자신의 목양에서 극명하게 드러난 장로교도였던 백스터조차도 당시 독립교회의 목양을 이렇게 평가했다.

나는 대부분의 독립교회가 훌륭하게 성도들의 경건과 훈련을 진지하게 돌보고 있는 모습을 보았다.

오웬에게도 주된 관심은 항상 복음적 신앙에 있었다. 그런 식으로 오웬은 교인들에게 성경적인 신앙을 바로 가르쳐주기 위해서 평생 온 힘을 쏟았다. 그는 성경에 바탕을 둔 교리와 신학을 주창한 진정한 개혁주의 신학자였다. 그런 면에서 패커 박사가 개혁주의 3대 신학자의 한 사람으로 장 칼뱅, 조나단 에드워즈와 함께 존 오웬을 든 것은 합당한 평가라고 본다.

코게쉘에서 왕성한 사역과 함께 수반된 진지한 성경 연구는 그 후 오웬의 방대한 작품 활동의 기초가 되었다. 그런 목회 활동은 오웬의 명성을 더욱 빛나게 해주었다.

1646년에 이어 1649년 1월 30일 두 번째로 의회 앞에서 설교하게 된 것은 당시 그의 명성이 어느 정도였는지 반영해준다. 하지만 그때 의회에서 설교한 것은 사람들의 입에 오르내릴 만한 일이 되고 말았다. 찰스 1세가 사형 판결을 받고 화이트홀 성문 앞에서 참수형을 당한 다음 날 오웬이 의회 앞에서 설교하자 영예와 비난이 동시에 쏟아졌다.

이 시절에 오웬은 헤아릴 수 없는 많은 연구와 묵상을

통해서 《그리스도의 죽음 안에서의 죽음의 종식The Death of Death in the Death of Christ》이라는 불후의 대작을 펴냈다. 이 작품을 위해서 오웬은 7년 동안 심도 있는 연구를 거듭했다. 이 책이 나왔을 때 두 명의 장로교 성직자가 다음과 같은 주목할 만한 추천서를 썼다.

> 알미니안주의의 썩은 집을, 그 집을 지탱하고 있는 기둥을 무너뜨림으로써 블레셋 사람들 머리 위에 헐어버린 책이다.

오웬의 지적인 탁월함은 이 책에서 눈부신 광채를 발휘한다. 이 책을 통해서 오웬은 다시 한 번 신학자요, 기독교 논쟁가로서 견고하게 자리 잡게 되었다. 이 작품은 성부, 성자, 성령이 영광스런 연합과 협력으로 구속사를 이루어 간다는 것을 논증하고 있다. 그리스도의 죽으심은 어떤 오류도 없이 하나님의 모든 자녀를 영광으로 이끌어가는 그분의 계획의 일부라는 것도 명쾌하게 기술하고 있다. 그리고 그리스도께서는 오직 선택받은 사람들만을 위해 죽으셨다는 사실도 입증하고 있다. 작품을 출간하면서, 오웬은 독자들에게 진지한 탐독을 당부하며 이렇게 썼다.

독자 여러분, 만약 여러분이 이 위선적인 시대의 많은 사람처럼 표지나 표제만 훑어보는 사람이요, 마치 극장에 들어가는 카토Cato처럼 다시 나오기 위해 책 안으로 들어가는 사람이라면 이미 즐거움은 다 맛본 것이나 다름없습니다. 안녕히 가십시오.

크롬웰과 함께 청교도 개혁의 기수로

그해 4월에 오웬은 다시 한 번 의회 앞에서 설교하도록 초빙되었다. 군부의 수장들이 참석한 가운데 그는 "하늘과 땅의 진동에 관하여"(히 12:27)라는 설교로 많은 사람의 심금을 울렸다. 그곳에 올리버 크롬웰Oliver Cromwell이 참석해서 처음으로 오웬의 설교를 들었다. 크롬웰은 설교가 끝나기도 전에 오웬과 만나고 싶다는 제안을 표했다. 오웬과 만나자마자 크롬웰은 아일랜드로 떠날 자신의 비밀스런 행보를 밝힐 정도로 그에게 두터운 신망을 보냈다.

거기에다 크롬웰은 오웬에게 자기의 국목(國牧, 오늘날의 군목軍牧을 의미함)이 되어줄 것을 간청했다. 오웬은 코게셀의 목회를 이유로 정중하게 거절했다. 그러자 크롬웰은 코게셀 교회에 동의를 촉구했고, 나중에는 강력한 명령까지 보냈다. 결국 교회 측은 오웬의 국목직을 수락했다. 8월 중

순에 이르자 크롬웰의 군대는 아일랜드로 출항할 준비를 마쳤다. 출항 직전에 군대에서 역사적으로 가장 주목할 만한 일이 일어났다. 오웬을 포함한 세 명의 성직자가 새로운 국목으로 들어오는 것을 환영하면서 온 군대가 금식과 기도로 하루를 보낸 것이다.

그 외에도 1만 2천 명의 군인들은 출항하기 전까지 며칠 동안 여가 시간을 이용하여 말씀을 읽거나 기도 모임을 가졌다. 여기저기에서 찬송 소리도 그치지 않았다. 어떤 군대에서도 볼 수 없는 모습들이 나타나자 칼라일Carlyle은 《크롬웰》이라는 자신의 저서에서 그 군대에 대해 이렇게 표현했다.

독자는 이것을 광기로 보는가? 광기는 언제나 인간의 삶에서 가장 높은 지혜와 가까이 있다. 그러나 이것은 광기가 아니다! 이 어둠의 요소, 이것은 빛과 찬란함의 어머니이다. 이것이 바로 그것이다!

며칠 후 오웬은 코게쉘을 떠나 아일랜드로 출항했다. 그는 더블린 대학에서 말씀을 전하면서 기울어가고 있던 대학을 회복하기 위한 보고서를 의회에 제출했다. 동시에 각처에 다니며 군인들에게 설교하면서 크게 영향을 끼쳤다. 그와 동시대 사람인 돈웰Donwell은 오웬의 영향력에 대해서 다음과 같이 기록했다.

그의 인품은 정말 단아하고 우아하였다. 그리고 강단에서 은혜로운 행실을 보였다. 그리고 웅변력 있는 연설, 은근하게 파고들게 하는 품행은 그의 웅변적인 설득력과 다른 외모적인 이점들과 합하여 그의 청중을 그가 원하는 대로 감동시킬 수가 있었다.

스코틀랜드에서도 전쟁의 소란 중에서 몸을 아끼지 않고 사역에 전력했다. 크롬웰군이 에든버러를 장악하고 자일스 성Giles Casttle 교회에서 오웬이 설교할 때의 일이다. 설교를 듣던 사람들이 처음에는 질투심에 가득 찬 마음으로 전하는 말씀을 들었다. 그러나 청중들은 오웬의 우렁찬 말씀을 들으면서 점점 마음이 녹았다. 그리스도의 향내가 가득한 진리의 말씀이 선포될 때 반감으로 가득한 군중들의 심령이 누그러졌다. 십자가의 은혜와 위로가 가득한 말씀을 들을 때 거부감도 사라졌다. 그 일을 계기로 오웬은 크롬웰 군대에서 영적 지도자로서 오웬의 지위가 더욱 확고해졌다. 그는 가는 곳마다 군인들과 시민들의 심령을 회복시켜주는 전령사 역할을 했다.

그 무렵 의회에서는 조셉 카릴Joseph Caryl과 존 오웬을 국목으로 임명하는 안을 통과시켰다. 이로써 오웬은 군대 사회에서 조국의 평화와 정의를 위해 위업을 이루게 되었다. 그는 크롬웰과 14년간 국목國牧을 수행하면서 영국의 개혁에 동참했다. 그 기간 동안 오웬의 임무는 크롬웰의 정치를 신학적으로 뒷받침해주는 역할이었다. 스코틀랜드 전투를 마쳤을 때 오웬은 다시 목회 생활로 돌아갈 수 있도록 허락받았다. 그는 코게쉘로 돌아가서 못 다한 목양의 소명을 불태울 생각이었다.

하지만 코게쉘의 휴식이 시작되자마자 어느 날 아침 신문에서 놀라운 소식을 접했다.

1651년 3월 18일, 의회는 퀸스 대학의 석사 존 오웬의 가치와 유용함에 대해 면밀히 논의하여 그를 레이놀드Reynolds 박사의 자리인, 크라이스트 처치Christ church 대학의 학장직을 맡도록 명하였다.

이 신문 기사가 난 후 오웬은 크리이스트 처치 대학 학생 대표로부터 학장 임명에 만족한다는 편지를 받았다. 그 동안 크롬웰과 쌓은 우정은 오웬을 옥스퍼드의 크라이스트 처치 대학의 학장직으로, 그 이듬해에는 옥스퍼드 대학교의 부총장으로 임명하게 했다. 이로써 오웬은 신앙의 양심에 의해서 자발적으로 추방자의 길을 선택한 지 꼭 14년 만에 부총장직을 안고 옥스퍼드에 재입성하게 되었다.

3장

지성과 영성을 겸비한 저술가

지성의 요람 옥스퍼드 부총장

오웬이 옥스퍼드에서 일했던 분야는 크라이스트 처치 수석목사 겸 교회 대학의 학장직이었다. 그는 학장직을 수행하면서 모든 모임을 관장하고 신학교 강의를 맡았다. 동시에 부총장으로서 대학의 전반적인 행정을 맡았다. 이에 오웬은 학자의 길과 동시에 대학교의 행정 수장직까지 수행하게 되었다. 지금까지 교구 목회와 국목 등 다양한 경험을 거쳐 쌓은 기량을 발휘하게 된 것이다. 더욱이 1653년에는 성직자를 임명 과정을 감독하는 감독관으로 임명됨으로써 오웬은 청교도 혁명의 최전방 자리에 서게 되었다.

당시 옥스퍼드의 학문적 상황은 아주 낮은 수준으로 전락되었다. 학문적인 분위기도 상실되어가고 있었다. 많은 학생이 부도덕과 무절제한 삶으로 일관했다. 젊은이들이 학문 탐구에 시간을 보내기보다는 음탕하고 정욕적인 대화를 즐기는 분위기였다. 대학 본부 역시 혼돈과 파탄이 만연했다. 이런 상황을 직시한 오웬은 비장한 각오로 부총장직을 수락했다. 부총장에 취임할 때 행했던 다음의 수락 연설은 당시 상황과 오웬의 인품에 대해 알려준다.

고매하신 이 대학의 제위 여러분, 저는 잘 알고 있습니다. 그 많은 고명하신 분과 존경받을 만한 위인들, 예술과 학문을 책임지고 계신 분들이 있는데도 불구하고 대학의 운명이, 말미에 서야 마땅할 이 사람의 지도에 맡겨졌음을 여러분은 슬프게 여길 것입니다. 우리가 처한 상황은 어떤 일이든지 제 마음에 썩 드는 것은 아닙니다. … 그러나 불평은 어떤 불행도 치료할 처방이 되지 못합니다. 탄식도 중차대하고 영예로운 직임을 맡은 이들에게는 합당하지 않습니다. … 너무나 안타까운 것은 너무 오랫동안 학문적 배가 폭풍에 휘말려 … 모든 사람이 그 배를 거의 포기해버린 상황입니다. 바로 그때 우리가 명을 거역해서는 안 되는 분의 편애와 지나친 너그러우심에 의하여 제가 부름을 받았습니다. 그분에게는 아무리 구실을 만들어서 간청하고 사양하여도 소용이 없었습니다. 그리고 저는 이 대학의 원로 회의의 동의를 받아서 이 직임에 부름받았습니다. … 여러분, 저는 그런 일을 하기에 충분한 사람이 아닙니다. 정말 적절하지 못하게 자신을 내세우려 한다거나, 아니 그런 생각이 조금이라도 제 마음에 들려오려 한다면, 저는 제 자신을 아주 괘씸하게 여길 것입니다. 저는 그렇게 본연을 벗어나서 저답지 않게 살아가지 않을 겁니다. 제가 얼마나 학식과 신중함, 권위와 지혜를 갖추지 못했는지도 모를 만큼 주제넘게 살아오지도 않았습니다. 용기를 가지십시오. 저는 결코 천재가 아닙니다. 도시의 변두리 출신으로 시끌벅적한 군대에 있다가, 그리고 복음을 위해 가장 먼 섬과 바다 너머에까지 여행하다가 이제 서투르게 대학을 관리하기 위해 붐비는 궁중에서 물러난 자에 불과합니다. 또한 서투르게 이곳에 왔습니다.

오웬은 몇 년간 부총장으로 재직하면서 대학의 분위기

를 전혀 새로운 방향으로 바꾸어놓았다. 대학의 무질서와 방탕을 억제시키는 일에 앞장섰다. 나쁜 해악들을 근절시켜서 학문적인 자세를 회복시키려고 애썼다. 오웬은 대학의 권위를 세워가는 데도 총력을 기울였다. 가령, 트리니티 대학의 학위 수여식 때에 보여준 부총장의 단호함은 그가 얼마나 대학의 권위를 세우려고 애썼는지 다음 이야기에서 입증된다.

매년 학위 수여식 때면 뛰어난 학생을 선발하여 연설을 하게 하는 전통이 있었다. 오웬은 선발된 학생에게 모든 신성모독이나 외설적인 표현 그리고 개인적인 감정을 자제한다는 조건으로 연설을 허락했다. 그러나 학생은 연설을 시작하자마자 약속을 어기고 대학을 비난하고 욕하는 말투로 연설을 이어갔다. 그때 오웬은 단호하게 교직원들에게 그를 끌어내리라고 명했다. 한동안 이를 만류하는 학생들과 대치하다가 오웬이 직접 나서서 약속을 어긴 학생을 자리에서 끌어내어 대학 감옥에 수용하고 말았다.

이런 식으로 오웬은 단호하게 대학의 질서를 세워가면

서 경건을 회복하려고 노력했다. 그런 가운데서 가난한 학생들에게는 따뜻한 격려와 위로로 지속적으로 학문을 수행하도록 도왔다. 외국 유학생들에게도 무료로 대학 식당을 이용하도록 배려해주었다. 부총장의 자상함과 따뜻한 배려가 많은 학생에게 소문나면서 대학의 분위기는 점점 바뀌어가기 시작했다. 영적 분위기까지 변화되며, 예전의 학풍을 회복해갔다.

심오한 작품들

한편, 오웬은 부총장직을 수행하면서도 연구에 대한 열정을 놓지 않았다. 한번은 한 가난한 학생이 자신의 라틴어 논문에서 탁월한 학문적 기량을 선보이자 즉시 그를 집으로 초청했다. 그 후 얼마 동안 그 제자를 라틴어 가정교사로 두고 조언을 들을 정도였다. 옥스퍼드의 천재 학자가 제자에게 학문적인 조언을 들었다니 그의 겸손함이 어느 정도였는지 엿볼 수 있는 대목이다.

그 무렵 오웬은 성 마리아 교회St. Mary Church에서 모들린Magdalen 대학의 총장인 굿윈Goodwin과 번갈아가면서 설교하고 있었다. 교인들은 일찍이 들어보지 못한 탁월한 설교에 만족했다. 당시 오웬의 설교 능력에 대해서 동시대인이였던 도드웰Dodwell은 다음과 같이 표현했다.

그의 풍채는 품위 있고 아름다웠으며, 그는 설교를 할 때에 매우 은혜로운 행동과 감동적인 웅변술로 사람의 마음을 끄는 능력을 지니고 있었다. 그 밖의 몇 가지 다른 외적인 장점과 함께 그의 설득력으로 인하여 자신이 거의 만족할 정도로 청중의 마음을 움직일 수 있었다.

대학 행정이 안정되고, 학문적이고 경건한 분위기가 정착되자 많은 사람이 오웬의 리더십을 칭찬하기 시작했다. 영국 사회에서 오웬은 옥스퍼드 대학의 분위기를 바꿔놓은 탁월한 지도자로서 인정받게 되었다. 거기에다 옥스퍼드의 지성인들에게 설교에 놀라운 관심을 불러일으킬 정도로 뛰어난 설교자로서 존경과 사랑을 받았다.

그 무렵 오웬의 영향력은 최고조에 달했다. 그 영향으로 1653년 8월 25일에는 크롬웰 군대의 승리를 기념하기 위해서 모인 의회 앞에서 설교를 초청받아 말씀을 전했다. 같은 해 10월에는 그리스도인의 연합을 위해 여러 성직자들과 함께 런던으로 초청되었다. 그때 의회에서는 오웬에게 신학박사 학위를 수여했다. 옥스퍼드 편람에는 오웬이 학위를 받았던 시점에 대해서 이렇게 기록되어 있다.

12월 23일 교구의 학장이자 대학의 부총장인 석사 존 오웬이, 당시 런던에 있을 때 신학박사 학위를 취득했다.

오웬의 학위에는 "신학교에서 열심히 공부했고, 꾸준히 능력 있는 설교를 했으며. 토론할 때는 열정적이고 예리했다"고 적혀 있다. 오웬과 함께 신학박사 학위를 받은 사람은 그의 친구이며, 모들린 대학의 총장인 토머스 굿윈이 포함되었다. 두 영예로운 학위 취득자들은 당대 독립교회의 탁월한 지도자요, 위대한 청교도들이었다.

옥스퍼드에서 왕성하게 활동하는 중에 심오한 대작들을 저술했던 일은 오웬의 생애에서 빼놓을 수 없는 업적이다. 그의 가장 심오한 논문 중의 하나인 〈정당한 정의가 요구하는 당연한 권리〉에서는 속죄의 은총을 명확하게 논증하고 있다. 도덕적인 통치자 되신 하나님께서 속죄 없이 죄를 용서하실 수 없다는 것이다. 오웬은 이 원리가 '신학의 전부를 꿰뚫고 깊은 뿌리를 내리게 했다'고 확신했다. 이어서 500쪽이 넘는 분량의 방대한 작품,《성도의 견인에 관한 교리The Doctrine of the Saints' Perseverance》를 세상에 내놓았다. 오웬의 성경관을 보여주는 작품으로〈성경이 가진 본질상의 신적 권위와 스스로 증명하는 빛과 능력에 관하여〉라는 소논문은 성경이 하나님 말씀이라는 것을 논증해 주는 탁월한 작품이다. 이 소론에서 오웬은 이렇게 밝힌다.

> 신구약 성경은 하나님 자신에 의해 즉각적으로 그리고 전적으로 주어졌다. 즉 일점일획도 바꾸거나 수정할 필요조차 없이 완벽하게 하나님의 뜻이 그 안에서 나타난 것이다. 그러하기에 말씀과 교회를 향한 하나님의 사랑 안에서, 그분의 선하시고 인자하신 섭리에 의해, 처음 하나님이 우리에게 주신 말씀은 원래의 의미로 우리에게 완전히 보존된 것이다.

영성의 바다에서 건진 진주

오웬은 칼뱅처럼 평생 경건한 삶을 추구했다. 그는 자신이 직접 경험한 영적 생활의 실상을 파헤치면서 경건에 관련된 주제로 지속적으로 설교했다. 예를 들면, 끊임없이 그리스도인의 영적 생활을 방해하는 '유혹'을 주제로 설교했다. 또 경건 생활의 최고의 적수인 '죄'라는 주제로도 설교했다. 이런 주제들로 설교한 것을 모아 편찬한 작품이《죄와 유혹》이다.

죄 문제는 그리스도인에게 필연적인 것이다. 그리스도인은 죽는 순간까지 죄를 떨쳐버릴 수 없다. 그리스도 안에서 완전한 성화에 이를 때까지 죄와 싸워야 한다. 그렇기 때문에 죄와 그리스도인의 삶은 매우 밀접한 관계가 있다. 죄 문제를 명확하게 해결해야 성숙한 그리스도인이 될 수 있다. 경건의 정상에 오르려면 죄의 산을 반드시 넘어야 한다. 그런 면에서《죄와 유혹》은 참된 경건에 이르기 위한 교과서와 같다.

이 작품은 그리스도인의 내면 상태를 잘 분석함으로써 참된 영성에 이르는 길이 무엇인지 밝혀준다. 그렇다고 그 주제들이 오웬의 영적인 가르침을 다 제시해준 것은 아니다. 그럼에도 불구하고 그것들은 영성의 바다에서 건진 진주와 같은 보화들이다.

이 작품에서 오웬은 죄 문제에 대해 성경의 가르침을 명쾌하게 제시해줌으로써 경건 생활의 보고를 전해준다. 이를테면 죄는 무엇이며, 어디에 있는가 등의 문제에 대해서 정밀하고 명확하게 고찰했다. 그는 사람의 내면에 거하는 죄를 치밀하게 분석함으로써 자신과 성도들이 효과적으로 죄를 물리치는 데 크게 기여했다. 곧 오웬은 죄의 본질과 그 속성까지 정확하게 파헤침으로써 영성에 이르는 지름길을 열어놓은 것이다.

오웬은 죄의 본질에 대해 바울을 인용하면서 설명했다. "그러므로 내가 한 법을 깨달았노니 곧 선을 행하기 원하는 나에게 악이 함께 있는 것이로다"(롬 7:21). 이 말씀을 근거로 죄의 본질에 대해서 다음과 같이 진술한다.

첫째, 죄의 본질은 마음에 있다. 죄는 언제나 마음 안에서 일한다. 그렇기에 믿는 사람들은 자기의 마음의 죄를 알아야 한다. 그것을 알지 못하면 죄를 물리칠 수 없다. 죄는 믿는 사람의 마음에 도사리고 앉아 범죄를 유도한다. 하지만 믿는 사람들은 죄 짓는 일을 자신의 일로 삼지 않는다. 더구나 습관적으로, 고의적으로 죄를 범하지도 않는다. 그러나 죄는 끊임없이 믿는 사람들을 유혹한다. 그리스도인은 선을 행하려는 마음을 갖고 있으나 죄는 그것을 반대한다. 그리스도인은 이런 내적인 원리들을 잘 파악해야 한다. 내면에 있는 죄의 상태와 행위들을 늘 관찰해야 한다. 그리스도인의 마음을 파괴하는 것이 무엇이며, 마음을 향상시키는 것이 무엇인지 분별해야 한다.

둘째, 죄는 성도의 내면에서 영혼을 파괴한다. 죄에는 놀라운 세력이 있다. 그것이 성도로 하여금 악을 향하게 하여 영혼을 해치는 일에 앞장선다. 죄는 언제나 그리스도인의 영혼에 도사리고 앉아서 영적인 일을 방해한다. 죄악의 행위는 사람에게 즐거움을 준다. 그런 즐거움이 바로 죄가 주는 상이다. 죄는 쾌락이라는 상을 내린다. 그렇기 때문에 죄의 법은 언제나 유혹적이다. 이는 사도 바울이 언급한 바로써, 죄는 "나와 함께 있으며"(롬 7:21), "내 지체 속에"(롬 7:23) 있다. 죄는 성도의 내면에서 기도와 묵상을 저해한다. 하나님에 대한 사랑도 방해한다. 그렇게 해서 영혼의 성장을 막는다. 죄는 언제나 그리스도인에게 달라붙어 지낸다. 죄는 자기 목표와 목적을 이루기 위해 만반의 준비를 하고 있다. 이런 죄의 실체를 깨닫지 못하고 잠자고 있으면 재앙을 당한다. 성도는 늘 영혼의 상태가 어떤지 살펴봐야 한다. 영혼에 감춰진 죄의 독을 찾아내야 한다.

셋째, 그리스도인은 늘 마음에 자리 잡은 죄를 쫓아내야 한다. 죄는 언제나 조심해야 한다. 마음에 있는 죄를 물리쳐야 한다. 원래 마음의 보좌에는 하나님을 모셔야 한다. 하지만 죄가 그곳에 침입하여 마음을 빼앗았다. 마음이 죄가 거하는 처소가 되었다. 그곳에서 죄가 폭군이 되어 하나님께 반역을 꾀한다. 그렇기 때문에 죄를 쫓는 일은 계속되어야 한다. 눈으로 보이지 않는다고 방심하면 실패한다. 땅에 있는 지체를 죽이는 일을 그쳐서는 안 된다. 세상에 사는 동안에는 마음에 자리 잡은 죄를 계속해서 쫓아내야 한다. 더구나 죄는 마음속에서 여러 가지로 우리를 속이면서 자리 잡고 있기 때문에 늘 깨어 있어야 한다. 깨어 있지 않으면 마음에 있는 죄로부터 속임을 당하기 쉽다. 그러나 하나님은 마음에서 일어나는 죄의 속임수를 일일이 살피고 계신다. 그렇기 때문에 하나님께 모든 것을 위탁해야 한다.

죄의 본질이 이렇기 때문에 오웬은 죄를 미리 예방해야 한다고 주장했다. 죄는 마음에 자리 잡고 있으면서 떠날 줄 모른다. 아무리 물리쳐도 그 세력이 또 살아난다. 그렇게 해서 죄는 우리의 영혼을 수시로 파괴한다. 죄를 물리치지 않으면 어떤 경우에도 영혼이 성장할 수 없다. 좀 더 효율적으로 죄를 물리치는 길은 죄를 예방하는 것이다. 그것은 성도들이 은혜를 사모하고, 깨어 기도에 힘쓰며, 부지런히 순종하는 것뿐이다. 그러면 성령의 도움을 받을 수 있다.

하지만 이런 일에 무지하면 양심이 점점 마비되어가고 결국 부끄러움을 당하게 된다. 은혜로 말미암아 인간의 본질이 변화되었지만 죄의 본질은 변화시키지 못한다. 그 정도로 죄는 끈질기고, 무서운 것이다. 죄는 강하기도 하지만 사람을 미혹하는 것이기도 하다. 그 미혹을 피하는 것은 대단히 어렵다. 아무리 유능하고 강한 사람일지라도 죄의 미혹 앞에서는 그럴 수 없을 것이다. 성경은 그런 죄의 미혹으로 인하여 죄가 거하는 마음은 "만물보다 심히 거짓되다"(렘 17:9)고 한다.

그러면 죄의 미혹에서 벗어나려면 어떻게 해야 하는가? 이에 대해서 오웬은 묵상과 기도로 유혹을 약화시켜야 한다고 주장한다. 기도와 묵상은 성도의 내면에 거하는 죄의 세력을 약화시키고 억제하는 데 중요한 역할을 한다. 묵상이란, 말씀과 우리와의 관계에 대해서 곰곰이 생각한 후, 말씀과 우리 마음을 서로 일치시켜 밀접한 관계에 머물게 하는 것이다. 그렇게 묵상할 때에 하나님을 직접 대하듯 이야기하고, 정신을 집중시켜서 하나님에 대해 생각해야 한다. 성령 안에서 말씀을 묵상하고, 지속적으로 집중하여 묵상할 수 없다면 억지로라도, 혹은 강제로라도 말씀을 묵상해야 한다. 그렇게 할 때 성령께서 도와주심으로 내면의 죄에 대적할 수 있다.

특히 죄의 미혹에 빠지지 않으려면 다음과 같은 사항들을 유의해야 한다.

하나님께 영광을 돌리려면 전심으로 하나님께 순종해야 한다. 하나님께 순종하려면 믿음으로 하나님을 의지해야 하고, 우리의 지혜와 욕구를 발휘해야 한다. 이는 성도가 가져야 할 기본적인 의무이다. 이런 의무를 수행하지 못하도록 방해하는 미혹을 대적하려면 다음 다섯 가지를 고려해야 한다. 첫째, 하나님의 주권을 생각해야 한다. 둘째, 죄에 대한 형벌을 생각해야 한다. 셋째, 죄의 대적이 되는 하나님의 사랑과 인자하심을 생각해야 한다. 넷째, 그리스도의 보혈과 중보를 생각해야 한다. 다섯째, 우리 안에 계시는 성령을 생각해야 한다.

이상에서 살펴본 바와 같이 죄에 대한 오웬의 치밀한 분석은 자신의 체험적 고백이라는 점에서 가치가 크다. 그는 자신과 회중의 영적 상태를 정확하게 진단함으로써 경건에 이르는 길을 제시했다.《죄와 유혹》곳곳에서 발견된 오웬의 문체가 이를 입증한다. 예를 들면, 강론의 대부분은 '우리'라는 2인칭을, 특별한 경우에는 '내가' 혹은 '나'라는 1인칭을 사용했다. 그렇게 함으로써 자신과 회중의 영적 상황을 거울을 보는 것처럼 투명하게 반영하고 있다. 여기에서 오웬이 하나님과 친밀한 교제를 통해 깊은 영성에 이르려고 애쓴 흔적이 역력하게 드러난다.

죄 죽임에 관하여

《죄 죽이기》라는 작품은 오웬의 죄 죽임 신학의 결정체이다. 이 작품은 로마서 8장 13절에 관한 설교를 담고 있다. 오웬이 죄 죽임을 강조한 것은 현실적인 이유들 때문이었다. 그것은 많은 그리스도인이 죄를 다루는 능력이 부족한 것을 보았기 때문이었다. 뿐만 아니라 영적 지도자들조차 죄 죽임에 대해서 잘못 이해하고 있는 것을 보았기 때문이었다.

그런 현실적인 상황을 감지한 오웬은 죄 죽임에 관한 주제를 더 많은 사람에게 전하고 싶은 소망으로 연속적인 강론을 시작했다. 죄 죽임 사상은 이런 배경 가운데서 출판되어 후대에 경건을 열망하는 많은 사람에게 영향을 끼쳤다. 죄를 죽이는 일은 그리스도인에게 평생 이어질 싸움이다. 따라서 한순간도 긴장을 풀어서는 안 된다. 죄는 단번에 그 세력이 사라지지 않기 때문에 점진적으로 그 힘을 약화시켜야 한다. 그 방법 외에는 죄를 죽일 수 없다. 죄 죽임의 목표에 대해 오웬은 다음과 같이 언급한다.

> 이 의무에 있어 지향하는 목표는 죄를 완전히 절멸하여 죽이는 것이다. 즉 이 저주받을 죄를 생각나게 하는 것조차도 철저하게 파괴하고, 점차적으로 완전히 절멸하는 것이다. 죄의 존재나 생명이나 작용을 하나도 남기지 않는 것이 죄 죽임의 목표다.

오웬은 죄 죽임을 하나님과의 교제 속으로 들어가는 방편으로 생각했다. 곧 하나님과의 교제의 관건은 죄 죽임에 있다고 보았다. 죄 죽임에 실패하면 주님과 깊은 교제를 할 수도 없다. 그것은 오웬 자신의 경험이었다.

회심 이전에 죄가 그의 마음을 지배할 때는 어떤 자유도 누릴 수 없었다. 그러나 회심 이후 십자가의 은혜로 죄 문제를 청산하고 참 자유와 기쁨을 누렸다. 하나님과의 교제도 지속되었다. 그렇기에 자신의 체험을 바탕으로, 죄를 죽이기 위해서는 지속적인 노력과 극기가 있어야 한다고 주장했다.

우리가 죄를 죽이는 일을 행하지 않으면 죄가 우리의 마음을 어둡게 하며, 육신의 정욕이 잡초처럼 자라게 된다. 죄를 죽이기 위해서는 무한한 극기로 열매 없는 이기적인 생활에 맞서 싸워야 한다.

죄를 죽여나갈 때 비로소 신앙의 활력을 얻을 수 있다는 말이다. 그런 이유 때문에 오웬은 날마다 죄를 죽여야 한다고 주장했다. 심지어 죄를 죽이는 것을 매일 수행해야 할 성도의 의무로 보았다.

죄의 세력으로부터 자유로워 보이는 거룩한 신자들은 실은 날마다 자기 안에 있는 죄의 세력을 죽이는 것을 매일의 의무로 삼고 있는 사람이다.

오웬의 죄 죽임 사상은 다음과 같이 몇 가지로 요약될 수 있다.

첫째, 죄를 죽이는 일은 성도의 내면에서 이루어지는 성령의 사역이다. 둘째, 하나님과 교제를 위해서 성도들은 날마다 죄를 죽여나가야 한다. 셋째, 내면의 죄는 결코 죽어 없어지지 않는다. 다만 성령의 능력으로 죄의 세력을 약화시키는 것이다. 넷째, 죄를 죽이기 위해서는 성령을 신뢰하고, 무조건 순종해야 한다. 다섯째, 날마다 성령을 구해야 한다. 성령만이 죄를 죽이는 능력을 지녔기 때문이다. 성령과 함께할 때 거룩에 이를 수 있다. 여섯째, 성령의 도움을 위해 기도와 묵상에 힘써야 한다. 우리 영혼은 성령의 도움으로만 하나님과의 관계를 바로 세워갈 수 있다. 성령은 죄를 죽이는 가장 강력한 무기이다. "성령은 성화의 창시자요, 완성자이시다."

죄는 성도의 내면에 도사리고 있다. 그 죄를 내버려두면 하나님과의 교제를 이룰 수 없다. 또한 영혼은 점점 힘을 잃고 마침내 파멸에 이르게 된다. 그렇기 때문에 오웬은 날마다 죄를 죽여야 한다고 강력하게 권고했다. 그런 식으로 날마다 죄를 죽이지 않고는 누구도 거룩에 이를 수 없으며, 영성의 산에 도달할 수도 없기 때문이다.

　죄를 죽이는 것은 성령 외에 어떤 수단도 유효치 않다. 사람들은 죄를 죽이려고 맹세를 하거나, 금식을 하거나, 영적 수련을 한다. 하지만 그런 모든 노력도 성령이 없다면 아무런 의미가 없다. 죄를 죽이는 것은 우리가 예수 그리스도를 믿을 때 성령께서 하시는 일이다.

　그러면 성령은 죄를 어떻게 죽이는가? 오웬은 성령이 죄를 죽이는 세 가지 방법을 제시한다.

　첫째, 성령은 우리 마음에 육체의 행위를 대적하는 은혜와 성령의 열매들을 풍성하게 함으로써 죄를 죽인다. 둘째, 성령은 심판하는 영과 소멸하는 영에 의해서 죄를 죽인다. 셋째, 성령은 믿음으로 말미암아 우리 마음에 그리스도의 십자가를 가지고 들어온다. 그렇기 때문에 우리는 날마다 성령을 신뢰해야 한다. 매 순간 그분께 순종할 때 죄를 죽이는 일이 가능해진다. 죄 죽임은 전적으로 성령의 몫이다.

그런 점에서 그것은 믿음의 사역이라고 할 수 있다.

제임스 패커는 죄 죽임에 대해서 이렇게 부연 설명한다.

죄의 충동에 대한 단순한 억압이나 저지 이상이다. 죄 죽임은 죄의 충동을 점차적으로 박멸하는 것이다. … 신자에게 거하는 죄는 원칙적으로 십자가 위에서 죽었다. 그리스도의 죽음은 조만간 죄의 죽음이 된다. 죄는 사실상 중생重生에 의해 왕좌에서 쫓겨났다. 그리고 이제 성령의 도우심으로 그리스도인은 죄의 생각의 근원을 말리며 평생을 보내는 것이다.

탁월한 영적 대가들이 죄 죽임 사상으로 영성의 정상에 이른 예가 많다. 조나단 에드워즈, 조지 휘트필드, 찰스 스펄전 등의 거장들이 그 사상에 영향을 받았다. 물론 죄 죽임 사상은 오웬의 독특한 생각이 아니다. 그것은 전통적인 청교도의 가르침이었다.

그것은 이미 바울이 가르쳤으며, 칼뱅이 정립하여 가르

친 사상이다. 칼뱅 이후 오웬이 말씀의 뿌리와 자신의 체험을 바탕으로 죄 죽임 신학을 독창적으로 계발했다.

4장

의원에서 강제 추방까지

의회 의원이 되다

1653년 말 크롬웰은 장기 의회를 해산시키고 몇 달 후 새로운 선거를 실시했다. 이때 옥스퍼드 대학교는 의회 의원의 자리를 회복하게 되었고, 이에 오웬을 의회 의원으로 선출했다. 오웬을 반대해온 사람들은 그가 정치권력을 손에 넣기 위해서 혈안이 되었다고 노골적으로 공격했다. 오웬은 어떤 비난에도 침묵으로 일관했다. 그 무렵 오웬은 자신의 심정을 이렇게 표현했다.

이 문제는 핑계나 구실을 댈 가치조차 없는 일이기에, 나는 사탄이 그 자신을 이 모든 일의 장본이라고 인정할 만큼 뻔뻔스럽지 않는지를 반문하게 된다.

오웬은 국가의 자유를 지키기 위해 정당한 권리를 행사

라려고 의원직을 수락했다. 더욱이 난폭한 정당에 의해서 옥스퍼드가 받는 피해를 방어하고자 했다. 그는 대학의 안녕을 위해서 의회의 자리를 확보하는 것은 신앙적으로 거침없는 행보라고 생각했다. 당시 의회의 행정 문서에는 이런 글귀가 있었다.

예수 그리스도로 말미암아 하나님 안에서 믿음을 고백하는 모든 사람이 그들의 신앙 안에서 보호를 받아야 한다.

이런 정황에서 오웬이 정치적 권력을 손에 쥐고자 하는 의도가 있었다는 것은 어디에서도 찾아볼 수 없다. 다만 오웬에게는 국가의 자유와 그리스도인들의 신앙, 그리고 대학을 세속적인 권력의 손에서 지켜내려는 의도만 있을 뿐이었다.

그 무렵에 오웬은 의회에서 목회 지망생을 심사하는 위원회의 일원이 되었다. 이 위원회는 나중에 이단의 교리를 따르는 성직자들을 해고하는 권한을 갖게 되었다. 이후 그 권한은 확대되어 심지어 난잡한 삶으로 성직의 거룩성을 훼손하는 사람이나 대학교수들까지 해고할 수 있게 되었다.

크롬웰이 이처럼 교회의 고유한 권한까지 침해하자 많은 사람이 비난을 퍼부었다. 하지만 크롬웰은 국민들이 갖고 있는 신앙의 영향력에 따라서 국가의 견고함이 지속되는 것이 관건이라고 생각했다. 교회가 무능하고 부패하도록 방관하는 것보다 그런 방식으로 교회의 거룩성을 지켜가는 것이 낫다고 생각한 것이다.

오웬은 크롬웰의 정책을 지지했고, 자신 역시 의회 의원으로서 국가의 자유와 신앙을 위해 격동하는 시대의 풍랑 속에 몸을 내던졌다.

당시 청교도들과 비국교도들은 오웬을 정신적인 지주로 바라봤다. 그의 조언은 환란과 압제 가운데 있던 사람들에게 유일한 위안이었다. 이처럼 오웬은 정치가, 신학자, 설교자, 그리고 목회자로서 당대 모든 사람에게 두루 인정받았다. 물론 어떤 사람들은 오웬의 신분이 너무 정치적이었다고 비난하고 나섰다.

그럼에도 불구하고 대부분의 사람은 오웬의 지도력을 인정했다. 그와 동시대를 살았던 탁월한 인물들이 보낸 서신을 보면 오웬이 당시에 끼친 영향력이 어느 정도였는지 짐작할 수 있다.

그가 고수하고 있는 지배력, 연륜과 경건함, 원칙과 엄격한 규율이 경멸과 시기심, 악의에 찼던 많은 지도층과 학생 등에게 영향을 끼치고 있습니다. 그의 기질과 소양은 너무나 훌륭하여 그의 인격적인 진가와 기꺼이 남을 돌보고자 하는 처사, 그리고 이와 같은 상황에서 그와 관련된 문제를 처리하는 능수능란함은 모든 사람을 완전히 제압합니다. 뿐 아니라 대학 당국은 이러한 부총장을 만족스러워하고 자랑스러워합니다. 정말이지, 그의 운명, 선택, 혹은 세력은 그가 어떤 상황이나 어떤 사람들 가운데 있든지 그를 최고의 자리에 있게 했습니다. 이와 같은 최고의 자리는 그가 마땅히 있어야 할 영역으로서, 그와 관련된 사람들이 그의 환심을 사고자 주로 데려가는 곳이요,

아무도 시기하거나 경쟁의식을 느끼지 않는 곳이었습니다. 따라서 그가 이처럼 최고의 자리에 있지 않는 것이야말로 오히려 놀라운 일이었을 것입니다.

크롬웰과의 결별

오웬이 옥스퍼드에서 강의, 행정, 설교, 그리고 의원직까지 수행하면서 왕성한 활동을 하고 있을 때 중대한 정치적 움직임이 일어나고 있었다. 크롬웰이 왕권에 도전하려고 시도한 것이다.

이에 대해서 오웬은 비판적인 입장을 가졌다. 그는 적극적으로 크롬웰의 시도를 막으려고 했다. 그때까지만 해도 오웬은 크롬웰의 편에 서 있었고 그의 지도력에 따라 국가의 이익이 좌우된다고 생각했다. 심지어 크롬웰을 반대하는 세력들이 일어났을 때도 오웬은 견고하게 대학을 지키면서 크롬웰을 방어했다.

하지만 정치 세계에서는 오웬의 견해와는 전혀 상반된 일이 진행되고 있었다. 대다수 의회 의원이 크롬웰에게 왕관을 수여해서 왕의 칭호를 부여하자고 앞장서서 제안했다. 호민관 역시 의회의 탄원을 거부하지 않았다. 이런 정치적인 움직임이 드러나게 되자 오웬은 신앙 양심과 성경의 가르침에 근거해서 자신의 입장을 확고히 했다. 그런 정치 상황은 새로운 전제 정치를 낳게 될지도 모른다고 우려한 것이다. 오웬의 입장은 단호했다. 그토록 많은 사람이 희생을 감수하고 지켜온 국가의 자유를 다시 잃어버릴지도 모른다고 생각했다. 그는 고귀한 자유가 인간적이고 세속적인 야망에 의해 짓밟혀서는 안 된다는 입장을 분명히 했다.

결국 오웬은 그런 움직임에 반대하는 플릿우드 데스버러Fleetwood Desboroguh 장군과 합류하기로 결심했다. 심지어 그런 정치적 흐름을 반대하는 탄원서를 올렸다. 급기야는 크롬웰에게 그 위험천만한 명예의 왕관을 내려놓으라고 강요하기에 이르렀다. 그때까지 오웬은 국가적으로 중요한 일이 있을 때마다 의회 앞에서 설교했던 가장 존경받는 성직자 중의 한 사람이었다. 뿐만 아니라 크롬웰의 절친한 친구요, 동역자였다. 청교도 혁명을 이끌어가는 데 필요한 이론과 신학을 탁월한 논증으로 뒷받침해주는 핵심적인 참모 역할을 해왔다.

하지만 순식간에 휘몰아친 정치적 한파는 지금까지 쌓아온 우정과 신의의 탑을 한순간에 무너뜨리고 말았다. 오웬의 행보를 알아차린 크롬웰은 자신의 호민관 취임식 때 오웬에게 초청장조차 보내지 않음으로써 자신의 입장을 밝혔다. 이쯤 되자 많은 사람은 크롬웰과 오웬의 견고한 우정에 균열이 생기고 있음을 직감했다. 오웬 역시 자신이 가야 할 길을 예견했다.

결국 1657년 7월 3일, 크롬웰은 옥스퍼드 대학의 총장직에서 물러났고, 그로부터 6주 후 오웬은 부총장직에서 파면되었다. 옥스퍼드 총장직에는 크롬웰의 아들 리처드가 임명되었고, 부총장에는 엑시터 대학의 학장인 코넌트 Conant 박사가 지명되었다. 부총장직에서 물러남으로써 오웬은 신앙의 양심에 따라 옥스퍼드를 떠난 지 20년 만에 다시 옥스퍼드를 떠나게 되었다. 고별 연설에서 오웬은 다음과 같이 소회를 밝혔다.

원수들의 온갖 노력에 대항하여 대학의 권리와 특권을 지켜왔습니다. 재정 상황도 좋아졌습니다. 대학의 각계각층의 사람들이 다양한 영예를 얻었습니다. 성직록에도 올랐습니다. 새로운 훈련이 소개되었고, 각종 기관이 세워졌습니다. 옛것은 적절히 실행되었습니다.

품행이 바르지 않은 사람들의 투덜거림에도 불구하고 예의범절을 부지런히 가르쳤습니다. 수고하는 일꾼들은 헤아릴 수 없이 많습니다. 여러분이 막대한 비용을 감수해 주었을 뿐 아니라 파산 직전까지 갔을 때, 저는 제 정신을 따라주지 못하고 무너져버리는 이 팔다리와 연약한 육신을 미워했습니다.

저속한 이들의 질책은 무시했고, 다른 이들의 시기를 극복했습니다. 이러한 상황에서 저는 여러분 모두가 번영하기를 바라며 마지막 인사를 고합니다. … 제 연설의 맥락이 어디로 저를 이끌어갈지 모르기에 여기에서 줄일까 합니다. 저는 이전에 고수했던 수고와 평소 돌보던 자들에게로 돌아가서 방해받았던 공부를 다시 시작하려 합니다.

대학에 있는 여러분 모두 행복하시기를 바라며 마지막 인사를 드립니다.

당시 상황에 대해서 오웬의 전기 작가 앤드류 톰슨은 이런 표현을 남겼다.

오웬은 매우 그다운 모습으로 옥스퍼드의 직위를 사임하고 다른 사람의 손에 학교를 넘겨주었습니다. 그는 풍부에 처할 줄도 알았고 비천에 처할 줄도 알았습니다. 그럼에도 은혜롭지 않은 말은 입 밖에 내지도 않았습니다. 혹은 분하고 쓰라린 마음을 덮기 위해서 어떤 냉담한 주장을 펴지도 않았습니다. 오직 그 직임을 넘겨주려는 탁월한 정부의 정책에 대해 감사하면서 주로 자신이 의식을 가지고 대학에 행했던 수고를 언급했을 뿐입니다.

사보이 선언의 주역

오웬이 부총장의 자리에서 물러난 이후 삶의 가혹한 현실들은 그의 지성과 마음을 자극했다. 결국 오웬은 삶의 시련을 통해서 놀라울 정도로 풍부한 저술활동을 하게 되었다. 옥스퍼드를 떠난 후 그는 다짐대로 코게쉘 교구로 돌아가 연구 생활에 주력했다. 그러던 중 1658년 런던 사보이 궁에서 열린 회중교회의 목회자들 회의에 참석하게 되었다. 오웬은 그 모임에서 중요한 역할을 했다.

120개의 회중교회에서 200명의 지도자들이 그 회의에 모였다. 그들은 11일 동안의 회의 끝에 공식적인 신앙 백서를 만장일치로 채택했다. 그 고백서가 바로 회중교회의 공식 신앙고백 문서인 〈사보이 선언Savoy Declaration〉이다. 그 총회 현장을 목격한 어떤 사람은 이런 증언을 남겼다.

내가 태어나서 지금까지 알아왔던 것 중에서 가장 분명한 주님의 임재가 당시 총회 때 모인 사람들과 함께 있었다.

그렇게 경건한 분위기 가운데서 굿윈과 오웬의 주도적인 역할로 작성된 〈사보이 선언〉은 다음과 같은 내용으로 시작된다.

이 신앙고백은 성령의 위대하고 특별한 역사로 여겨야 한다. … 그러므로 경건함을 좇는 수많은 목사와 다른 주도적인 형제들은 신속하고 쾌히 연합하여 자신들을 이 진리의 전 체계에 던져야 한다.

교회 직제에 관한 선언문을 제외하고 〈사보이 선언〉의 조항들은 대부분 웨스트민스터 신학자들의 고백문의 조항과 닮았다. 교리 면에서는 대부분 〈웨스트민스터 신앙고백〉을 재진술함으로써 장로교의 교리와 거의 일치시켰다. 하지만 교회 정치에 관해서는 각 지역교회들의 자치권을 옹호했다. 물론 백스터는 몇몇 선언문의 양식 때문에 사보이 총회를 반박하는 편지를 쓰기도 했다.

한편, 사보이 총회가 열리고 있을 무렵 크롬웰은 화이트홀에 있는 궁정에서 무서운 질병에 시달리고 있었다. 크롬웰은 아일랜드 원정 이후 건강이 계속 악화된 데다 1658년 8월 총애하던 딸 클레이플Claypole의 죽음으로 큰 충격을 받았다. 그 후 자신의 가장 위대한 전투 기념일이었던 1658년 9월 3일 화이트홀에서 파란만장한 생을 마감했다. 그의 유해는 11월 10일 웨스트민스터 묘지에 비밀리에 안장되었고, 장례는 13일 뒤 국장으로 치러졌다.

크롬웰은 오웬과 14년 동안 생사고락을 함께 나누며 우정의 꽃을 피웠던 절친한 동료였다. 하지만 서로 다른 신앙과 정치적 입장 때문에 정적이 되기도 했다. 그런 옛 친구의 죽음을 바라보면서 오웬은 어떤 생각을 했을까? 이런 흥미로운 질문에 버넷Burnet 같은 작가들이 답을 전해준다. 버넷는 크롬웰이 병상에 있을 때부터 오웬을 비롯한 청교도 지도자들이 그의 쾌유를 위해 뜨겁게 기도했다고 전한다. 더욱이 크롬웰이 죽자 그를 데려가신 것에 대해 불경스러울 정도로 하나님을 원망했다고도 한다. 여기에서 우리는 오웬이 자신과 정치적인 입장을 달리했던 친구이지만 마지막 순간까지 우정과 신의를 지키려고 애썼던 것을 엿볼 수 있다.

오웬은 회중교회의 영향력으로 1659년부터 런던에 교회를 세워 목회하기 시작했다. 그러나 1660년 이후부터는 시련의 길을 걷기 시작했다. 크롬웰의 사망으로 인하여 모든 상황이 변했기 때문이다. 장로교도들이 찰스 2세를 불러들여 왕정 복고를 시도했다. 그런 가운데서 독립파 교회는 어려움에 처하게 되었다. 장로교를 국교로 삼겠다고 약속했던 찰스 2세는 역으로 청교도들을 핍박하고 군주제를 채택하였다. 찰스 2세는 국교회의 원형을 살리려고 공동기도서에 의한 예배의 통일을 강요했다.

강단에서 추방되다

오웬은 청교도 사상으로 무장한 개신교 신학자였다. 게다가 회중교회주의자로서 입장을 굳게 하고 있었다. 그렇기 때문에 오웬은 찰스 2세의 요구에 쉽게 순응할 수 없었다. 다른 청교도들 역시 마찬가지였다. 결국 청교도들은 강단에서 추방되는 무서운 고초를 당하게 되었다. 그들은 소위 '비국교도들noncomformists'이 되어 강단 밖을 유리하는 몸이 되었다. 1662년에는 '통일령The Act of Uniformity'으로 인하여 청교도 목사 2천여 명이 강단에서 쫓겨난 사건이 일어났다. 오웬도 그때 강단에서 추방되었다.

찰스의 세력들은 박해의 구실을 부지런히 찾아다녔다. 예배를 위해서 집회를 여는 사람들은 가차없이 처벌했다. 이를 신고하는 사람들에게는 포상금을 지급하는 법령까지 통과시켰다. 시간이 지날수록 청교도에 대한 혹독한 박해는 더해갔다. 가중되는 박해로 인해 감옥이 붐볐고, 박해를 피해 이민을 떠나는 사람들도 많았다. 외국으로 떠나는 배는 신앙을 찾아 떠나는 추방자들로 가득했다. 그런 중에 전염병까지 발생하여 죽음의 공포가 런던을 휩쓸었다. 그쯤 되자 진정한 목자가 누구인지, 누가 거짓 스승인지 순식간에 드러나기 시작했다.

강단에서 추방된 설교자들은 은신처에서 뛰어나와 죽음의 공포 가운데 있는 사람들을 돌보기 시작했다. 전염병으로 가족들을 잃거나 죽어가고 있는 사람들을 위로하고 함께 아픔을 나누었다. 그들은 자기 몸을 돌보지 않고 고통에 처한 영혼들을 감싸 안았다. 하지만 청교도들을 박해하는 데 앞장섰던 성직자들은 앞을 다투어 도망가버렸다. 이에 비국교도 목사들의 진정한 사랑이 드러나자 교인들과의 관계가 더욱 결속되었다. 그 결과 추방된 목회자들이 고난 중에서도 생계를 유지하도록 도움의 손길이 그치지 않았다.

전염병의 폭풍이 시들자 새로운 법령이 통과되었다. 그

내용은 모든 비국교도 목사를 시, 군, 읍에서 8킬로미터 밖으로 추방한다는 것이었다. 모든 비국교도 설교자를 몰아내겠다는 계산이었다. 목회자들은 이미 교인들과 격리되는 고통을 받고 있었다. 그런데 이제는 그런 박해도 모자라 외딴 시골로 추방당하게 된 것이다. 오웬 역시 그런 박해의 현장에 있었다. 그런 어려움 가운데서 몇 년간 지속적인 사역지를 갖지 못했다.

그러나 오웬은 당시 영향력 있는 인사들과 쌓아온 교분과 그가 끼친 공로 등에 의해서인지 다른 박해자들보다 혹독한 핍박은 받지 않았다. 그럼에도 불구하고 그 기간은 오웬의 생애에서 가장 고통스럽고 어두운 기간이었다. 그 무렵에 일어났던 한 일화는 당시 상황을 읽을 수 있는 단서를 제공해준다.

어느 날 오웬이 옥스퍼드 근처에 살고 있는 한 친구를 방문하려고 길을 나섰다. 추방된 설교자로서 늘 조심해야 하는 상황을 잘 알고 있던 터라 해질 무렵에야 친구 집에 도달했다. 당시 청교도들은 그렇게 은밀한 행보조차 늘 추적을 당했다. 오웬 역시 감시의 눈길에 발각되고 말았다. 다음 날 이른 아침 기병대가 숙소로 찾아왔다. 문을 두드리는 소리에 여주인이 나가서 태연스럽게 물었다.

"무슨 일로 오셨나요?"

"이 집에 누가 투숙하고 있지 않소."

기병대의 질문에 여주인은 당당하게 대답했다.

"오웬 박사를 찾고 있는 것입니까?"

"그렇소."

"네. 오웬 박사는 오늘 아침에 일찍 이곳을 떠났답니다."

군사들은 자연스럽게 대답하는 여주인의 말을 듣고 곧바로 집을 떠나갔다. 여주인은 정말 오웬이 떠난 줄로 생각했던 것이다. 그러나 오웬은 피신할 길을 마련해놓고 아침 일찍 인근 들판으로 나가 런던으로 향했다.

이것이 당시 강단에서 추방된 설교자들과 박해받던 청교도들의 상황이었다. 수많은 설교자가 강단을 떠나 배회했으며, 성도들이 유리하며 방황했다. 많은 성직자와 평신도가 믿음을 지키고 신앙 양심을 지키기 위한 일념으로 그런 고초를 감당한 것이다. 시련의 폭풍은 목회자들과 성도들에게만 불어닥친 것은 아니었다. 교회당이 불타고 교회로 가는 길도 차단되었다.

그런 중에 비국교도 성직자들은 근심과 절망에 휩싸인 성도들에게 위안이 되었다. 비밀리에 모여 위로와 권면을 받는 것이 박해자들에게는 큰 힘이었다. 오웬 역시 죽어가는 청중들에게 죽음을 각오하고 말씀을 전했다. 백스터는 다시 설교하지 못한다고 할지라도 끝까지 설교하겠다는 다짐으로 설교했고, 죽어가는 사람들에게 마치 죽어가는 사람처럼 목숨을 걸고 강력하게 설교했다. 당시 청교도 설교자들의 설교관이 배어 있는 다음과 같은 고백들은 오늘날의 설교자들이 두고두고 기억해야 할 말들이다.

"나는 다시 설교할 수 있으리라는 생각으로 설교한 적이 없다", "나는 죽어가는 사람들에게 보냄을 받은 죽어가는 사람이다."

5장

하나님의 비밀을 가르친 학자

시련 중에 피어난 고난의 신학

강단에서 추방된 오웬은 고통스러운 날들을 보내면서도 저술 활동에 심혈을 기울였다. 오웬은 당시 교회와 성도들을 처참하게 짓밟았던 무시무시한 박해가 신앙 양심에 비춰볼 때 불의하다는 것을 예리한 필력으로 논증했다.

《개신교 비국교도들이 자유를 갈망하는 근거와 이유에 관한 설명》,《추방과 관련된 서신》,《비국교도들이 받고 있는 현재의 고난에 관한 조사》,《고위 관직자에게 보내는 편지에서 고찰한 관용과 종교적 자유》,《양심과 자유를 위한 변호와 겸손한 간구 안에서의 평화 제안》,《하나님을 예배함에 관 간략한 지침: 교리문답》,《예배에 관한 논설》과 같은 다수의 책들이 그것을 잘 보여준다.

오웬은 지칠 줄 모르는 열정과 근면함으로 고난의 폭풍 속에서도 저술을 했다. 강단을 빼앗긴 채 하나님께서 자신에게 주신 사고의 능력과 이성적인 활동을 송두리째 저술로 승화시킨 것이다. 십자가 고난 후에 부활의 영광이 임했던 것처럼 시대의 폭풍우 속에서도 흔들림 없이 자신을 관리하며 저술에 전력한 결과 영광스러운 작품들을 세상에 내놓았다. 그런 점에서 오웬의 신학은 고난의 신학이라고 볼 수 있다. 어떤 의미에서 고난이 없으면 신학이 완성되지 않는다. 신앙도 고난을 통해서 다듬어지는 법이다.

오웬의 생애는 늘 고난과 영광이 교차되었다. 12살에 옥스퍼드에 입학하는 천재적인 두뇌를 소유했지만 10여 년 후에는 추방자 신세가 되어야 했다. 청교도 혁명군의 이론을 뒷받침하고 군사들의 영적 아버지 역할을 감당했지만 우정 어린 친구의 반격으로 모든 공로가 물거품이 되기도 했다. 학문과 지성의 요람 옥스퍼드 수장직을 수행했지만 신앙 양심에 따라 또다시 추방자의 길에 서야 했다. 열한 명의 자녀를 잃는 슬픔과 비애도 겪었고, 강압과 권력에 의해 강단을 빼앗기기도 했다.

삶 전체에 고난의 흔적들이 새겨져 있지만 오웬은 한 번도 낙심하거나 절망하지 않았다. 오히려 주변 사람들에게 용기를 불러일으켜 주었고, 동일한 고난에 처한 사람들에게 권면과 위로로 소망을 심어주었다. 그는 고난 중에 하나님을 발견했다. 인생길에서 겪는 슬픔과 고통을 체험한 가운데 그 심령을 어루만져주시는 하나님의 따듯한 위로와 사랑을 알게 되었다. 고난 중에 십자가를 바라보았고, 시련 중에 영광의 날을 기다렸다.

교회사에는 이런 경우가 종종 있다. 조나단 에드워즈 역시 극심한 고난을 겪으면서 위대한 저술을 남겼다. 20년간 목회하던 노샘프턴 교회에서 추방된 후 열한 명의 자녀를 이끌고 고통스러운 날들을 보내는 중에 불후의 대작들을 남겼다.

오웬이 시련 중에 맺은 영적 결실 중에서 성화 신학은 주목할 만하다. 오웬이 모진 시련 가운데서 추구했던 영적 목표는 성화였다. 그는 성화를 신앙의 절정으로 간주하고 끊임없이 강조하면서 다음과 같이 말했다.

성화는 신자들의 영혼에 대한 하나님의 성령의 직접적인 역사로 그들의 본성을 죄의 오염과 부정으로부터 정결케 정화하고 그 안에 하나님의 형상을 새롭게 함으로 그들이 은혜의 신령하고 습관적인 원리를 따라 하나님께 순종을 바칠 수 있게 하는 것이다. 더 간단하게 말해서 성화는 예수 그리스도로 말미암아 성령에 의해 우리의 본성을 하나님의 형상으로 완전하게 쇄신하는 것이다. 그러므로 여기에 따르는 것이 있다. 즉 성화의 열매이며, 결과인 거룩은 우리 안에 역사된 새로운 하나님의 형상을 포함한 은혜의 언약의 조건들에 따라 우리가 예수 그리스도로 말미암아 하나님께 대한 거룩한 순종 안에 존재한다는 것이다.

오웬이 매서운 고난의 폭풍을 이겨낼 수 있었던 것은 분명한 신앙적 확신 때문이었다. 그는 고난과 시련을 성화에 이르는 방편으로 믿었다. 더욱이 성화의 방편으로 십자가와 그리스도를 강조한 것은 오웬의 고난 신학에 나타난 특징이다. 그는 각종 강론과 저술에서 마치 십자가의 언어가 자신의 모국어나 된 것처럼 그것을 자연스럽게 사용했다. 바울이나 칼뱅이 십자가 중심의 신앙과 신학에 충실했던 것처럼 오웬의 고난 신학 중심에도 늘 십자가가 있었다.

오웬에게는 십자가에서 죽으신 예수 그리스도가 고난을 이겨내는 힘이 되었다. 그는 성화에 있어서 십자가의 역할을 이렇게 표현했다.

> 십자가에 달리신 그리스도는 우리 사랑의 최고 대상이며 최고 대상이 되어야 한다. … 그리스도의 죽으심 가운데 그분의 사랑과 은혜와 겸손은 가장 영광스럽게 빛을 발한다. … 십자가에 달리신 그리스도께 굳게 집착할 때 영혼은 십자가의 그리스도와 항상 함께 있는 느낌 가운데 있게 된다. … 십자가에 달리신 그리스도에 대한 사랑으로 충만한 마음은 죄를 효과적으로 억제함으로 그리스도의 형상과 닮게 변할 것이다.

16년간 심혈을 기울인 대작

윌버 스미스Wilbur M. Smith는 "오웬의 저작들은 종교개혁 이래 출간된 신학 저서 중에서 성경과 그리스도께 가장 충실한 저작"이라고 평가했다. 알렉산더 화이트Alexander Whyte는 오웬을 가리켜 "청교도 신학자들 가운데서 가장 방대한 저서를 낸 사람"이라고 했다.

이런 평가들에 따르면, 오웬을 '청교도의 왕자' 자리에 등극시켜도 조금도 손색이 없다. 더욱이 고난 가운데서도 불후의 대작들을 낳았기에 그의 모든 작품은 더없이 값진 것이다. 오웬의 작품들 중에서 3권은 특히 극심한 고난 중에 출간된 것은 주목할 만하다. 그중 하나가《죄와 유혹》이다. 이 작품은 극심한 시련 중에서 죄와 싸운 자신의 경험을 바탕으로 쓰였다.

이 작품에 대해 스코틀랜드의 대학자요, 청교도인 토머

스 찰머스Thomas Chalmers 박사는 다음과 같이 논평했다.

학문적이고 경건한 작품 중 그리스도의 제자들에게 이보다 더 유용하고 꼭 맞는 책은 없을 것입니다. 게다가 영적인 삶의 본질과 작용을 상세하게 설명하고 있는 이 책을 오웬이 썼다는 사실 자체가 매우 중요한데, 그 이유는 그가 이처럼 고귀한 거룩함을 이루었을 뿐 아니라 영적인 삶에서도 매우 심오하고 실험적인 지식을 가지고 있기 때문입니다.

《시편 130편 강해Exposition of the 130th Psalm》 역시 자신이 겪은 고난을 바탕으로 쓴 살아 있는 작품이었다. 오웬은 이 책에서 단순하게 학자가 고전을 설명하는 식이 아니라 가슴으로 체험한 것과 느낀 것들로 가득한 생생한 현장을 보여주었다.

《히브리서 강해》는 16년 동안이나 주의를 기울여서 내놓은 대작이었다. 그는 지금까지 쌓은 모든 지식을 동원해서 이 저작에 심혈을 기울였다. 자신이 경험한 풍성한 영적 경험들을 이성의 배에 싣고 신비한 영적 세계를 향해 마음껏 항해했다. 그 저술의 항해는 캄캄한 바다를 밝게 비춰주는 등대와 같이 어둠에 갇혀 있는 많은 사람에게 빛을 비춰주었다. 오웬은 이 작품을 집필한 정신과 방법에 대해 서문에서 다음과 같이 밝혔다.

전에도 말했지만 서신서 강해를 위해서 저는 수년 동안 묵상해왔고, 제 연구의 전체 과정 역시 그렇게 해왔다고 고백할 수 있습니다. 연구하고 독서할 때 꾸준하게 드렸던 기도와 묵상은 유일하게 제가 의지할 만한 것이었습니다. 그것들은 지금까지 제게 빛과 도움을 주는 가장 유용한 수단이었습니다. 다른 많은 책은 저를 혼란 속으로 몰아넣거나, 혹은 그로부터 빠져나올 수 없도록 수없이 얽매곤 했습니다. 그런 것들로부터 저의 생각들을 자유롭게 해준 것은 기도와 묵상이었습니다. 모든 글에 어떤 선입견도 가미하지 않고, 제 생각이나 다른 사람들의 생각을 첨가하지 않으려고 노력했습니다. 그리고 어떤 종류든지 추론이나 거짓, 호기심이 틈타지 않게 하고, 다만 항상 벌거벗은 채 말씀 그 자체로 나아갔습니다. 그리고 그 안에서 겸손히 배우며 그분께서 제게 능력 주시는 대로 말씀 그 자체를 표현하기 위해 제 삶과 영혼에 주의를 기울였습니다. 맨 먼저, 저는 이 목적을 위해서 항상 본문의 단어가 주는 느낌과 의미와 취지에 대해 고민했습니다. 즉 그것들의 본래 어원을 살폈고, 구약성경의 70인 역이나 신약성경에서 다른 저자들에 의해 어떻게 사용되었는지도 면밀하게 고찰했습니다. 특히 같은 저자의 다른 작품에서는 어떻게 사용되었는지를 알아보기 위해 고민했습니다. 저는 히브리서 외의 성경 말씀에서 표현된 단어들이나 다른 사람들이 언급한 단어들이 사도가 사용한 단어에 많은 빛을 던져준다는 사실을 발견했습니다.

이 작품은 그 당시까지 알려진 위대한 주석들 중에서 가장 탁월하다는 평가를 받았다. 오웬은 이 장엄한 저작을 마치고 펜을 내려놓으면서 이렇게 외쳤다고 한다. "이제 나의 작품이 완성되었으니 죽어도 좋다!" 이 위대한 작품이 나왔을 때 찰머스 박사는 다음과 같이 평했다.

저는 여러분이 열심을 다해 히브리서에 주의를 기울이기를 권고합니다. … 이 책은 오웬이 오랫동안 심혈을 다한 작품입니다. 이제는 여러분이 힘을 다해 수고해야 할 때입니다. 여기서 여러분이 주의해야 할 한 가지 사실은 저자에게 잘 지도받은 덕에, 앞으로는 가치 있는 학식이라고는 전혀 없고 분량만 큰 작품에 시간을 낭비하지 않게 될 것이라는 사실입니다. 이교의 제사라는 주제를 다루는 모든 책을 정독하는 것보다 존 오웬의 이 가장 위대한 작품을 정독하는 것이 백 배 더 유익할 것입니다. 이 책은 부피에 있어서도 가히 큰 책이라고 하겠지만, 능력 면에서도 대작이라고 할 수 있습니다. 이 책의 저자는 기독교의 교리적인 면에서나 실천적인 면에서 부족함이 거의 없는 박식하고 완숙한 신학자라 해도 손색이 없을 것입니다.

앤드류 톰슨 역시 이 작품에 대해서 이렇게 평가한다.

이는 마치 장엄한 빛으로 가득 차 있는 대성당과도 같습니다. 이 성당의 세부적인 부분에 대해서는 개선하라고 제안할 수 있을지 모르지만, 이 성당을 오래 보면 볼수록 그 견고한 벽과 웅장한 기둥을 지은 건축자의 기술과 힘에 놀라지 않을 수 없는 것처럼 말입니다. … 아마 지난 150년 동안 영국이나 미국에서 오웬의 주석을 참고하지 않은 채, 이 영감받은 진리를 강해하려는 사역자는 아무도 없을 것입니다.

이런 위대한 평가를 받았음에도 불구하고 너무 방대한 분량으로 인하여 독자들을 질리게 했던 것은 이 작품의 가장 큰 약점으로 꼽힌다. 이런 약점을 고려해서인지 오웬 자신도 이 책을 세 부분으로 분리된 작품처럼 읽어야 할 것을 제안했다.

영성의 원동력인 영적 사고방식

오웬은 부단한 영적 사고로 육신의 생각을 물리침으로써 거룩한 삶에 이른 그리스도인의 경건과 영성의 모델이다. 그는 자신의 회중과 후대의 많은 그리스도인에게 영성에 이르는 첫 관문인 영적 사고의 중요성에 대해서 강력하게 권고했다. 자신의 체험을 바탕으로 저술한 《영적사고방식》은 영적 사고방식과 그 실제를 소상하게 파헤쳐놓은 탁월한 저작이다.

이 작품은 오웬의 마지막 생애 기간 동안에 저술했다. 그는 마땅히 하나님의 사람들이 어떻게 사고해야 하는지 곧, 영적 사고의 실체에 대해서 모든 것을 정리했다. 어떻게 사는 삶이 신령한 삶인지 자신이 묵상한 것들을 회중과 후대 사람들을 위해서 글로 남겼다. 그는 사역의 말기에 이르러 때로는 육신의 연약함을 느꼈다. 하지만 영적 묵상을 통해서 놀라운 은혜를 힘입어 차근차근 강론한 것이 바로 이 책의 내용이다. 깊은 묵상과 체험이 담긴 메시지는 환한 빛이 되어 어둠 가운데 있는 수많은 영혼을 소생시켰다.

오웬은 그리스도인의 영적 사고를 위해서 기본적으로 로마서 8장 6절(육신의 생각은 사망이요 영의 생각은 생명과 평안이니라)을 잘 이해하고 넘어가야 할 것을 주장한다. 세상 사람들은 누구나 영의 생각을 하는 사람이나 육신의 생각을 하는 사람 중 하나이다. 전자는 영원한 복락에 이를 것이요, 후자는 영원한 파멸에 이를 것이다.

하지만 그리스도인 역시 두 종류의 사람으로 나뉜다. 영적으로 생각하는 그리스도인이 있고, 육신적으로 생각하는 그리스도인이 있다. 전자는 성령의 지배를 받는 상태로 생명과 평안 가운데 있지만, 후자는 육체의 지배를 받는 상태로 사망 가운데 처하게 된다.

영의 생각이란 "성령으로 새롭게 된 이지理智, mind의 실제적인 행사를 가르킨다. 쉽게 말하면, 영적인 일을 생각하고, 그에 대해서 애착을 가지며, 그 영적인 일들에서 맛과

풍미를 발견하고, 그 영적인 것들을 즐거워하고 만족해나가는 지점에까지 나아가는 마음의 실제적인 작용"을 가리키는 것이다.

좀 더 구체적으로, 영적인 생각이란 "마음이 영적 생명과 빛으로 말미암아 변화되고 새로워져서 영적인 것들을 생각하고 묵상함으로 그 마음이 부단하게 작용하고 감화를 받아 영적인 것들에 대하여 애착을 갖게 되고, 급기야 영적인 것들로 인하여 즐거움과 만족을 발견하게 되는 것"을 의미한다. 따라서 그리스도인이 영적으로 생각하려면 다음 두 가지가 필요하다.

첫째, 실제적으로 생각과 묵상을 영적인 일에 고정시켜서 마음, 곧 열정적인 정서를 가져야 한다. 둘째, 신령한 것들에 대해서 애착과 즐거움을 가지고 묵상하고 소원하는 마음을 가져야 한다. 영적인 것들은 즉각적으로 부여잡아야 한다. 그렇게 영적으로 생각하면 그 속에서 누릴 수 있는 기쁨 곧, 영적 생명의 만족을 누리게 된다.

그러면 그리스도인으로서 간헐적이고 불규칙적으로 세

상을 생각하고, 육신적으로 생각하는 이유는 무엇인가? 어떤 사람들은 땅의 일에 애착을 가지고 세상적으로 마음을 쓴다. 또 어떤 사람들은 영적인 일에 마음을 쓰면서도 잠시 땅의 것에 관심을 두고 애착을 갖기도 한다. 그런 경우를 가리켜서 '세상적'이라고 한다.

그때에는 영적으로 생각하는 은혜가 더 높은 수준으로 진보할 수 없게 된다. 그런 식으로 세상적인 생각에 매여 있는 경우에는 은혜의 진수를 수반하는 생명과 평안을 누릴 수도 없다. 그렇기 때문에 그리스도인은 부단히 영적인 것을 추구하고, 신령한 것을 묵상하며, 영적으로 생각하는 데 몰두해야 한다. 육신의 생각은 사망이요, 영의 생각은 생명과 평안이니라!

영적인 것들을 생각하고 묵상함으로써 그리스도인이 누릴 수 있는 은혜가 주어진다. 나무가 꽃을 통해서 열매를 맺듯 사람의 생각에 따라서 열매가 맺힌다. 생각은 "영혼의 원초적인 활동"이며, "마음의 샘에서 솟아나오는 물"이다. 사람의 마음은 그 사람의 창고이다. 주님의 말씀처럼, 사람에게는 선하든 악하든 마음에 쌓은 자신의 보배가 있다. 만일 마음이 악하면 그 마음의 생각들은 거의 다 헛되고 부패한 것들이다. 하지만 마음이 은혜의 원리에 따라 지배를 받고 있다면 그 은혜의 성질에 부합한 것들이 드러난다. 따라서 마음의 구조를 가장 확실하게 측정할 수 있는 척도는 마음에 떠오르는 생각이라고 할 수 있다.

기독교적인 일을 하고 있다고 해서 마음에 영적인 것을 생각하고 있다고 말할 수 없다. 특히 설교자들의 경우 밤낮으로 영적인 것들을 말하지만 그 마음이 영적인 방향으로 생각하고 있다고 말할 수는 없다. 일의 성격상 성경을 읽고 있지만 영적으로 생각하는 것과 거리가 멀 수도 있다는 말이다. 부지런히 교회 일을 하는데도 영적인 것과는 상관이 없는 경우도 있다. 그런 경우는 마음의 생각들이 허무하고 교만하고 육감적이기 때문이다.

그러므로 그리스도인은 언제나 마음의 생각을 거룩하고 신령한 곳에 두고, 하늘의 것들을 생각해야 한다. 마음에 떠오르는 주도적인 생각이 영적인 것이 되도록 해야 한다. 영적으로 생각한다는 것은 "우선적으로 우리가 일상적으로 생각하는 경로와 흐름이 신령한 것들 쪽으로 방향을 잡는다는 것"을 의미한다.

그러면 그리스도인이 영적인 생각으로 살아가려면 어떻게 해야 하는가? 그런 생각들이 자연스럽게 일어나야 한다. 생각이 영적인 사람은 영혼 전체가 자연스럽게 영적인 방향으로 이끌려간다.

그렇게 함으로써 자연스럽게 영원한 생명에 합당한 행동을 하게 되는 것이다. 자연스럽게 영적 생각이 주도해가는 것이 진정한 그리스도인의 실상이다. 하지만 내면적인 세력 곧, 양심의 가책을 통하여 영적인 것들을 생각하는 수도 있다. 그런 경우에는 마음의 가책을 받아서 영적인 일을 생각한다. 때때로 그 동기가 시들면 곧 낮은 수준의 은혜로 떨어지게 된다.

또 다른 경우로, 외적인 방편들과 기회에 의해서 영적으로 생각하게 되는 수도 있다. 그런 외적인 방편들은 거룩한 생각을 갖도록 부추기지만 조금씩 자극을 불러일으킬 뿐이다. 영적인 것들을 생각할 기회가 제공된다고 해서 반드시 영적으로 생각할 수 있는 것은 아니다. 다시 말해, 말씀을 설교하거나, 은사를 행사하거나 기도한다고 해서 영적인 것들을 생각한다고 말할 수 없다는 말이다.

그렇기 때문에 거룩한 일을 할 때마다 "마음의 활동을 진리의 말씀으로 공정하고 냉혹하게 시험하고 검증"해야 한다.

또한 영적인 생각을 따라 살아가려고 하면 늘 마음의 생각들이 자연스럽게 일어나야 한다. 생각이 습관적으로 거룩한 것을 향하고, 신령한 것에 집중하도록 해야 한다. 영의 생각이 마음을 다스리는 것이 습관이 되어 자연스럽게 영적인 것들이 떠오르는 상태에 이르러야 한다. 영적으로 생각하는 일을 구체적으로 실천하기 위해서 필요한 세 가지 질문이 있다.

첫째, 영적인 생각과 다른 것들에 대한 생각의 비율은 어느 정도 되어야 하는가? 그리스도인의 주도적인 관심은 영적이고 신령한 것에 있다. 영적인 일은 많이 생각할수록 더 신령해진다. 자기에게 맡겨진 직업을 수행하면서도 먼저 하나님의 나라와 그분의 의를 구해야 한다. 그렇지 않으면 마음속에 허망하고 무익하고 전혀 쓸모없는 생각들이 떠오르기 때문이다. 그런 생각들은 영혼을 대적한다. 그렇기 때문에 세상의 일에 대한 생각을 줄이고 거룩한 일을 묵상하는 데 더 많은 시간을 들여야 한다.

둘째, 영적인 생각의 빈도수는 어느 정도 되어야 하는가? 그리스도인은 영적으로 생각하는 사람이다. 따라서 일상 생활 가운데서도 부단하게 영적인 생각들이 마음에 흘러넘치도록 해야 한다. 그리고 그런 시간들을 따로 떼어놓아야 한다. 마치 다른 목적을 위해서 어떤 일을 수행하는 것처럼 시간을 정해서 영적인 생각을 해야 한다. 일상적인 일에서 벗어나 영적인 생각에 주력하는 것이 바람직하다. 예를 들면, 신령한 일을 위해서 여가를 보낸다거나, 거룩한 일을 위해 시간을 들여 묵상하면 생명과 평안을 누릴 수 있을 것이다. 그렇지 않고 영적 생각을 위해 특정한 시간을 들이지 않는다면 주님을 위해서 아무것도 드리지 못한다는 증거이다.

셋째, 영적인 생각을 위해서 시간은 어느 정도 사용해야 하는가? 그리스도인이 시간을 아무렇게나 보내는 일은 가장 크게 경계해야 할 일이다. 삶의 일상적인 일들로 인하여 영적인 일을 생각하지 못하면 애통할 일이다. 생활 가운데서 영적인 일을 생각할 기회가 생기면 즉각 시행해야 한다. 모든 일이 영적인 것들을 생각하는 기회가 되도록 해야 한다. 만약 그런 기회를 잡지 못하면 마음이 영적으로 혼미해져서 나중에는 냉랭한 상태에까지 이를 것이다. 그렇기 때문에 영적인 일을 생각할 기회를 놓쳐서는 안 된다. 그런 기회를 잘 활용하기만 하면 누구든지 놀라운 기쁨과 확신을 가지고 신령한 삶을 누릴 수 있다.

오웬이 《영적사고방식》에서 했던 이런 주장들은 영성에 이르는 첫 관문이다. 모든 일을 영적으로 생각하는 삶의 습관이야말로 하나님과의 교제를 지속시켜주는 지름길이다. 영적 사고를 통해서 마음을 성령께 묶어드리는 것이 영성에 이르는 지름길이다.

오웬의 영성은 감각적이거나 은사적인 것이 아니었다. 거룩하신 하나님의 지배 가운데 있으면서 순간마다 성령의 통제를 받는 거룩한 삶이 오웬이 쌓아놓은 영성의 본질이다.

그리스도의 영광을 사모하며

오웬이 저술 활동을 통해 험한 고난을 영광스럽게 승화시키고 있을 때, 그를 모든 시련으로부터 해방시켜줄 기회가 찾아왔다. 뉴잉글랜드에 있는 보스턴 최초의 회중교회로부터 청빙 제안이 온 것이다. 그들은 오웬이 자신의 고난에도 불구하고 시련 중에 있는 비국교도들에게 위로의 말씀을 전해주는 참 목자임을 익히 알고 있었다. 박해 중에도 주옥 같은 작품을 저술하는 탁월한 지적 능력도 인정했다. 복음과 진리를 위해서 오웬이 얼마나 많은 수고를 했는지도 이미 알고 있었다.

하나님께서 그 신실한 종에게 베푸신 은혜를 전해 들은 뉴잉글랜드 교인들은 오웬에게 간절한 청빙 요청을 보냈다. 그들은 어린아이와 같은 순수함으로 진리를 사모하면서 진리에 불타는 종을 기다렸다.

그 청빙에 오웬이 어떤 답변을 보냈는지 확실하지 않다. 어떤 사람들은 오웬이 기꺼이 뉴잉글랜드의 부름에 응해 짐을 선박에 싣기까지 했다고 한다. 그런데 그 시점에서 친구들의 간곡한 청원으로 뉴잉글랜드행을 포기했다고 전해진다. 또 다른 사람들은 그가 고난 중에 있는 형제들을 두고 떠나는 것을 원치 않았다고 이야기하기도 했다. 고난 후에 이어질 영광의 날을 기다리면서 영국에 남아 있기로 다짐했다는 것이다.

그러다가 1673년, 그는 런던의 리든홀 스트리트에 있는 한 독립파의 회중교회로부터 청빙을 받았다. 그가 부임할 당시 그 교회는 교인이 171명에 불과한 조그마한 교회였다. 2천여 명의 회중 앞에서 설교하던 그에게는 매우 작은 규모였다. 그럼에도 불구하고 오웬은 신앙의 핵심과 참 복음을 증거하는 일에 힘을 쏟았다. 설교와 목양에 애쓰면서도 급속하게 번지는 합리주의에 대항하는 복음적인 작품들을 내는 일에 사력을 다했다.

이 기간 동안에 그의 가장 위대한 작품으로 뽑을 수 있는《성령에 관한 강론A Discourse Concerning the Holy Spirit》이 출간되었다. 이 작품에서 오웬은 성령의 이름과 본질, 인격, 나누어주심과 역사, 효과에 대한 설명뿐만 아니라 이전의 창조와 새 창조에서의 성령의 역사 등에 대해서 상세하게 설명했다.

윌버포스Wilberforce는 이 작품을 가리켜서 그가 읽은 가장 위대한 신학 참고서 중의 하나라고 평가했다. 세실Cecil 역시 이 작품이 그에게 신학에 관한 보물 창고였다고 극찬했다.

오웬은 1676년에 이르러 생애에서 가장 큰 슬픔을 맛보게 된다. 부인과 사별함으로써 또다시 가시밭길을 걷게 된 것이다. 그의 가정사에 대해서 구체적인 기록을 찾을 수는 없지만 초기 전기 작가 중 한 사람이 첫 번째 부인에 대해서 그녀는 "뛰어나고 아름다운 여인으로 오웬을 무척 사랑했다"는 기록을 남겼다.

60살에 이르러 부인과 사별한 오웬은 슬픔 가운데서 18개월을 홀로 보내다가 스타드햄 근처 치셀햄프턴에 살던

토머스 도일리Thomas D'Oyley 경의 미망인 미셸과 결혼했다. 당시 재력가였던 그녀는 오웬이 여생을 안락하게 살도록 도움을 주었다. 그런 중에도 오웬은 계속해서 진실된 목양과 왕성한 저술 활동에 몰두함으로써 주옥 같은 작품들을 남겼다.

그는 공직에서 물러나고 다가오는 임종을 감지하면서도 최후의 작품에 힘을 쏟았다. 그 작품이 바로《그리스도의 영광》이었다. 이 작품의 서론에서 오웬은 다음과 같이 말했다.

> 만일 우리의 복락이 주께서 계신 천국에서 그분의 영광을 보는 것을 내용으로 하는 것이라면, 복음을 통해서 계시된 그분의 영광을 먼저 부단하게 숙고하되, 우리가 그리스도의 영광에 대한 관점을 통하여 그분의 영광으로 점차 변해가는 것을 목적으로 부단하게 숙고하는 것보다 더 좋은 준비가 무엇이겠는가.

계속해서 오웬은 그리스도의 영광을 묵상하는 일을 외면하는 풍조에 대해 탄식하면서 이렇게 말했다.

사람들이 세상적이고 헛된 일들을 생각하고 묵상하기 위하여 시간을 내는 일에는 마음이 끌릴 수 있으면서도, 이 영광스러운 주제에 대하여 묵상하는 데는 마음이 끌리지 않고 즐거움을 느끼지 못한다는 것은 정말 슬픈 일이다. 사람들이 고백하는 믿음과 사랑이라는 것이 도대체 무엇이란 말인가?

오웬의 작품들은 모두 성경적인 통찰력이 탁월하다. 깊은 영성을 갖춘 신학도 빼놓을 수 없는 특징이다. 그는 17세기 영국의 칼뱅이라고 할 정도로 철저한 말씀 중심의 신학자였다. 그의 신학적 사상들은 당시의 알미니안, 소시니안, 그리고 가톨릭에 대하여 반박하는 내용으로 칼뱅주의의 정수를 담고 있다는 점에서 높이 평가할 만하다.

오웬은 말년에 꽤 오랜 기간 동안 담석증과 천식으로 큰 고통을 겪었다. 하지만 그는 심한 육신의 고초 가운데서도 그리스도의 영광으로 인해 소망을 잃지 않았다. 육신의 고통을 당하면서도 오히려 주변에 있는 사람들을 위로하기까지 했다. 그 무렵 때마침 런던 외곽지역의 한 휴양지에서 초대를 받았다. 오웬은 박해 가운데 피신하고 있던 형제들과의 교제를 기대하면서 그곳으로 떠났다.

하지만 그곳에서 다시 돌아갈 수 없을 정도로 병세가 악화되었다. 오웬이 마지막으로 자신의 양 떼에게 보낸 편지는 교회를 향한 염려와 사랑이 어떤 것이었는지 생생하게 보여준다.

주 안에서 사랑하는 성도들에게

자비와 은혜, 평강이 성령의 교통하심으로 말미암아 하나님 아버지와 주 예수 그리스도로부터 여러분에게 충만히 넘치기를 소망합니다. 지금쯤 여러분과 함께 있을 것으로 기대하고 바랐건만, 우리의 거룩하시고 자비로우신 아버지께서는 그 반대편으로 저를 인도하시기를 기뻐하시는 것 같습니다. 고통스러운 병세가 지속되고 몸이 계속 약해져서 지금으로서는 여행을 감당할 수 있으리라는 소망을 가질 수가 없습니다. 그러나 모든 일에 있어서 누구의 뜻에 기쁨으로 저 자신을 복종시켜야 할 때인지를 생각하니 이것이 얼마나 큰 훈련이 되는지요!

비록 저의 몸은 여러분과 떨어져 있지만 저의 마음과 영은 여러분과 늘 함께 있습니다. 또한 주님의 날에 여러분이 저의 면류관이요, 기쁨이 되기를 소망합니다. 저는 여러분이 하나님의 전적인 뜻 안에 견고히 서서 흔들림 없이 처음 붙잡았던 확신을 끝까지 유지하시기를 밤낮으로 기도하고 있습니다.

… 형제들이여! 하나님의 뜻일진대, 단 한 영혼도 여러분의 보살핌 아래서 잃어버리지 않도록 조심하십시오. 아무도 도외시되거나 방치되지 않도록 그들의 모든 형편을 고려하고 그들의 모든 상황에 전념하십시오. … 기도할 때 저를 위해서도 기도해주십시오. 그리고 하나님의 뜻이거든 제가 회복되어 여러분에게 갈 수 있도록, 하지만 하나

님의 뜻이 그렇지 않다면 제가 하나님의 나라와 그 영광에 복되게 들어갈 수 있도록 기도해주십시오. 제 이름으로 모든 교회에 문안드립니다.

예수님을 위해 여러분의 무가치한 목회자요, 여러분의 종으로서 제 이름을 서명할 담대함을 주 안에서 얻으며.

존 오웬

죽음의 고통으로 사투하면서도 오웬은 그리스도인의 꿋꿋한 자세를 잃어버리지 않았다. 그가 지상에서 마지막으로 남긴 글은 사랑하는 친구 찰스 플릿우드Charles Fleetwood에게 보낸 대필 편지였다. 숨을 거두기 하루 전날 그는 이런 편지를 남겼다.

사랑하는 친구에게

자네에게 단 한마디도 직접 쓸 수 없지만, 그럼에도 이 세상에서 자네에게 한마디라도 말하고 싶은 마음이 간절하여 아내의 손을 빌려 이렇게 편지를 쓰네. 자네의 흠없는 친절은 나에게 매우 소중할 뿐 아니라, 죽는 순간까지도 나에게 힘이 되어줄 것일세. 나는 이제 내 영혼이 사랑해 왔던 분, 아니 영원한 사랑으로 나를 사랑해주신 분께로 가네.

… 나는 폭풍이 이는 바다 가운데 교회라는 배를 남겨두고 떠나네. 그러나 위대한 선장이 그 배 안에 있으면 배 밑창에서 가련하게 노를 젓는 사람이 없어진다고 해서 문제될 것은 없지. 살아서 기도하며 소망을 가지고, 참고 기다리게. 절망은 하지 말게나. 주께서 결코 우리 혼자 고아같이 내버려두지 않으시겠다고 하신 그 약속이 견고히 서 있네.

이 편지를 보낸 다음 날 오웬은 다시 일어나지 못했다. 숨을 거두기 직전 그의 마지막 작품,《그리스도의 영광》이 비국교도 성직자 윌리엄 페인William Payne의 감독하에 출판되었다는 소식이 전해졌다. 그 순간 오웬은 사력을 다해 두 손을 들고 하늘을 쳐다보면서 외쳤다.

그 소식을 들어서 너무나 기쁩니다. 오, 하지만 페인 형제! 이 세상에서 지금까지 내가 이미 보았거나 또 다른 방법으로 그 영광을 바라볼 수 있으리라고 오래도록 기다려왔던 그날이 마침내 왔습니다.

1683년 8월 24일, 오웬은 이 말을 마지막으로 남기고 런던 외곽의 일링Ealing에서 숨을 거두었다. 오웬은 67년의 생애를 마치고 자신이 그토록 사모했던 그리스도의 영광 안에서 영원히 안식하게 되었다. 번힐Bunhill에 세워진 오웬의 묘비에는 다음과 같은 글이 새겨져 있다.

옥스퍼드 지역에서 태어난 신학박사 존 오웬은 사역자의 아들로서 아버지보다 훨씬 출중했다. 그는 이 세대의 으뜸가는 신학자들의 반열에 오를 가치가 있는 사람이다. 탁월하게 모든 종류의 인문학을 섭렵한 오웬은 신앙적으로 유익케 하고, 하나님의 성소를 섬기고, 바르게 훈련하기 위해 그의 모든 지식을 동원했다. 신학과 실천, 논쟁과

정밀한 언변에서 그는 누구보다 뛰어났고 모든 부분이 한결같았다.

알미니안, 소시니안, 그리고 가톨릭의 오류들이 히드라의 더러운 호흡과 치명적인 독처럼 교회에 들끓었을 때, 오웬은 헤라클레스보다 더 큰 힘으로 그것들을 격퇴했고 무찔렀으며, 파멸시켰다. … 이 세상을 좇는 모든 사람보다 뛰어났던 그는 자신의 책에서 그토록 감탄스럽게 기술하고 있는 하나님과의 복된 교제를 끊임없이 사랑했고, 깊이 경험했다. … 그는 모든 면을 통해 하나님 나라의 비밀을 가르친 학자였다. 대화로 많은 사람을 일으켰고, 대중적 설교를 통해 더 많은 삶을 세웠으며, 출간된 서적으로 모든 사람을 일으켰다.

… 젊은 나이에는 훌륭하고 위엄 있는 체격이었으나, 인생의 후반에는 끊임없는 병으로 쇠약해졌다. 무엇보다 심도 있고 쉴 새 없는 연구의 무게에 짓눌려, 그의 육신은 하나님을 섬기는 영혼의 왕성한 진력을 담기에 너무나 비좁기만 했던 장막이었다. 사람들의 잔혹한 행위로 인해, 교

회로서는 무시무시한 날이지만, 그 자신에게는 하나님의 박수갈채를 받게 된 복된 날인 1683년 8월 24일, 그는 67살의 일기로 세상을 떠났다.

생애 연보

1616	영국 옥스퍼드셔 스타드햄에서 태어나다.
1628	12살의 나이로 옥스퍼드 퀸스 대학에 입학하다.
1632	문학사 학위를 받은 후 석사 과정까지 마치다.
1635	문학석사 학위 취득하다.
1642	《알미니아니즘의 진상》이라는 첫 작품을 쓰다.
1643	포드햄의 교구목사로 초청받다.
1646	4월 20일 의회의 금식 모임에서 설교하다.
1649	1월 30일 두 번째로 국회에서 설교하다.
1653	의회로부터 신학박사 학위를 받다.
	옥스퍼드를 대표해서 의회 의원이 되다.
1662	통일령으로 강단에서 쫓겨나다.
1676	첫 번째 부인과 사별하다.
1683	8월 24일 하나님의 영광을 보면서 잠들다.

참고문헌

- Barraclough, Peter. *John Owen*, 1616~1683. London: Independent Press, 1961.
- Oliver, Robert W., ed. *John Owen, The Man and His Theology*. Phillipsburg, N.J.: P&R / Darlington: Evangelical Press, 2002.
- 송삼용,《영성의 거장을 만나다》, 넥서스CROSS, 2009.
- 존 오웬, 황을호 역,《성도와 하나님과의 교제》, 생명의말씀사, 1994.
- 존 오웬, 서문강 역,《영적사고방식》, 청교도신앙사, 1998.
- 존 오웬, 서문강 역,《그리스도의 영광》, 지평서원, 1996.
- 존 오웬, 엄성옥 역,《죄와 유혹》, 은성, 1991.
- 존 오웬, 조호영 역,《그리스도인의 영성》, 보이스사, 1998.
- 존 오웬, 지상우 역,《히브리서 주석》, 엠마오, 1986.
- 존 오웬, 이태복 역,《참된 믿음의 특성과 능력》, 개혁된신앙사, 2002.
- 존 오웬, 서문강 역,《죄 죽이기》, SFC 출판부, 2004.
- 앤드류 톰슨, 엄경희 역,《청교도의 황태자 존 오웬》, 지평서원, 2006.

믿음의 거장 시리즈

기독교 역사를 바꾼 영적 거장의 생애를 읽는다!

설교, 목회, 신학, 기도, 선교, 영성 각 분야에서 하나님께 쓰임받은 신앙 위인들의 삶을 차례로 조명해 본다. 생애에 드러난 감동적인 이야기와 구속사적 역사관에 근거한 내용 전개로 독자들에게 영적 도전을 줄 것이다. 평신도와 신학생, 목회자에 이르기까지 누구나 쉽게 읽을 수 있다.

01 장 칼뱅
송삼용 지음 | 4×6판 변형 양장 | 160쪽 | 7,000원
세상과 타협하지 않는 개혁자이자 성도의 영혼을 돌보는 목회자로, 경건함의 본이 된 사람

02 찰스 스펄전
송삼용 지음 | 4×6판 변형 양장 | 160쪽 | 7,000원
천부적 재능을 소유한 설교자로, 영국을 복음으로 일으키고 세기적 부흥을 주도한 목회자

03 조지 뮬러
송삼용 지음 | 4×6판 변형 양장 | 164쪽 | 7,000원
수많은 고아의 아버지이자, 하나님을 위해 자신의 모든 것을 철저하게 포기한 기도의 사람

04 조지 휘트필드
송삼용 지음 | 4×6판 변형 양장 | 164쪽 | 7,000원
들풀처럼 강인한 최초 야외 설교자로, 모든 교파를 초월하고 한 시대를 움직인 강한 목회자

05 데이비드 브레이너드
송삼용 지음 | 4×6판 변형 양장 | 160쪽 | 7,000원
인디언을 위해 일생을 바친 설교자로, 뼈가 부서지는 순간까지 은혜의 씨앗을 뿌린 목회자

06 조나단 에드워즈
송삼용 지음 | 4×6판 변형 양장 | 164쪽 | 7,000원
한평생 하나님의 능력에 사로잡혀 신학을 집대성한 미국 최고의 신학자이자 대부흥사

07 로버트 맥체인
송삼용 지음 | 4×6판 변형 양장 | 164쪽 | 7,000원
그리스도를 본받아 온전히 순종하는 삶과 경건한 삶의 본을 보여준, 영혼을 울린 설교자

08 존 오웬
송삼용 지음 | 4×6판 변형 양장 | 160쪽 | 7,000원
천부적인 지성과 탁월한 영성을 바탕으로 가장 방대한 저서를 완성한 청교도 신학자

09 윌리엄 캐리
송삼용 지음 | 4×6판 변형 양장 | 160쪽 내외 | 7,000원
인도에서 활동한 영국 침례교 선교사로, 성경 번역에 앞장선 개신교 현대 선교의 아버지

10 허드슨 테일러
송삼용 지음 | 4×6판 변형 양장 | 160쪽 내외 | 7,000원
중국을 품은 선교사로, 오직 중국 선교를 위해 치열하게 헌신하면서 복음을 전한 사람

11 길선주 김학중 지음 | 4×6판 변형 양장 | 160쪽 내외 | 7,000원
독립운동가이자 교육가로, 한국 교회의 기초를 다지고 부흥의 바람을 일으킨 주역

12 주기철 김학중 지음 | 4×6판 변형 양장 | 160쪽 내외 | 7,000원
흔들리지 않는 굳건하고 담대한 믿음으로, 목숨 걸고 하나님의 명령을 지킨 순교자

13 손양원 김학중 지음 | 4×6판 변형 양장 | 160쪽 내외 | 7,000원
원수를 양자로 삼아 예수님의 사랑을 실천하고, 나환자들의 영혼을 돌본 믿음의 사람

14 장기려 김학중 지음 | 4×6판 변형 양장 | 160쪽 내외 | 7,000원
약하고 불쌍한 이들을 위해 평생을 바쳐 봉사하며 버팀목이 되어준 한국의 슈바이처

15 조만식 김학중 지음 | 4×6판 변형 양장 | 160쪽 내외 | 7,000원
민족의 십자가를 지고 독립운동과 민족 통일 운동에 힘쓴 기독교계의 중진, 한국의 간디

16 드와이트 무디 김학중 지음 | 4×6판 변형 양장 | 160쪽 내외 | 7,000원
미국 침례교의 평신도 설교자로, 어린이와 청년, 군인에게까지 사랑받은 감성적인 사람

17 어거스틴 김학중 지음 | 4×6판 변형 양장 | 160쪽 내외 | 7,000원
고대 신플라톤주의 철학과 기독교를 결합하여 중세 사상계에 영향을 준 교부 철학의 성자

18 마르틴 루터 김학중 지음 | 4×6판 변형 양장 | 160쪽 내외 | 7,000원
부패한 로마 가톨릭 교회에 대항해 은혜를 통한 구원과 성서의 권위를 강조한 종교개혁자

19 존 웨슬리 김학중 지음 | 4×6판 변형 양장 | 160쪽 내외 | 7,000원
위대한 전도자이자 신학자로, 복음 전파에 초인적으로 헌신하고 복음 해석에 기여한 사람

20 데이비드 리빙스턴 김학중 지음 | 4×6판 변형 양장 | 160쪽 내외 | 7,000원
아프리카를 개척한 선교사로, 아프리카 오지 깊숙한 곳에서 그들을 위해 헌신한 사람